뽀요요와 '브람스'

뽀요요와 '브람스'

김월미 에세이

책을 내며

눈발
업 닦으며 다녀오는 길
버스를 탄다
차창 밖에서 눈발이
펄럭거린다

한강을 지나며 보던
푸른빛 강이 하얗다
빠르게 흩날리는 눈조차
희뿌연 안개에 가려버리고

한강 다리를 지나
행당동에서 다시 만난 눈이
어느새 업이 되어
부지런히 쌓인다

카페 앞에서 업을 쓸고 있는 사람
저렇게 쌓이면 업이지
그 옆에서 강아지 한 마리
펄럭거린다

한참 달리던 버스는
창동으로 들어서고
찰나에 졸음이
펄럭거린다.

업이 수북하다
저놈의 업이 밤새
구운몽 꿈이 되어
소설을 쓴다

시를 쓰다가 문득! 시도 수필도 내가 글을 써 내려가는 것도 업 닦는 일이 아닐까 싶다. 정리되지 않은 노트북 바탕화면에 업이 수두룩이 누워있다.

언제나처럼 가난하여 집을 지어주지 못하고 난장판에 펼쳐놓은 내 글들.

이젠 집을 지을 수 있을 것 같아 쉰 개의 방을 만들어 세워 놓고 들여다본다.

글 벗 다섯이 모여 10여 년 전 공저로 낸 책 『오음계』를 뒤적이다 참 오래도 걸렸구나 싶다. 글 벗들은 잘 지내는지 아득하다.

공연히 내가 쓴 원고들에게 미안하여 다시 들여다보며 사랑한다고 읊조린다.

돌아보니 온통 사랑해야 할 것들이 지천이다. 인간은 사랑이란 핑계로 자신의 삶을 인내하며 사는 것으로 말하지만, 사랑은 결코 인내만으로 이루어지지 않는다. 서로를 바라보는 곳에 실수가 있고 잘못이 있어도 용서하고 이해하는 마음으로 포용하며 사는 것이 사랑이라고 말하고 싶다.

내 사랑 제일 순위 손녀 '윤채'와 손자 '윤우'에게 꼭 들려주고 싶은 말이다.

인간이 가진 본성과 문학의 연결고리를 어느 대학 강의보다 더 심도(深到)있게 지도해주셔서 저의 글쓰기에 도움 주신 '유한근' 교수님께 감사의 마음을 보냅니다.

2025년 6월

김월미

차례

책을 내며 … 4

1. 사찰

바람 따라 문수암으로 … 15
내소사가 곱다 … 18
마음으로 가는 길 … 21
표충사에서 호국의 향기가 … 25
반가사유상과 로댕 … 29
백률사에 이차돈의 흔적이 … 34
오대산 적멸보궁을 오르며 … 39
원을 그리며 … 43
보림사에서 선종의 소리를 … 49
자아 찾아 직지사로 … 53

2. 음악

문득! 음악이 … 61
물방아 … 68
바흐가 기억나니? … 75
보리밭 … 82
브람스의 사랑은 … 88
슈베르트의 〈송어〉 … 93
시장 판타지 … 99
아베마리아 주술 … 106
이별의 노래 … 113
첼로와 피리 … 117
피아니스트 … 121
프라하의 봄 … 127
노예들의 합창 … 132

3. 뽀요요와 '브람스'

뽀요요와 '브람스' … 139
'그대'의 뉘앙스를 아시나요? … 144
가로수 아래의 진상 보기 … 150
감성의 온도 … 154
그 파란 물 눈에 보이네 … 159
꿈이었으면 … 164
나비의 작은 날갯짓은 … 170
다복솔의 노래 … 175
라일락 나무 아래에서 … 180
본디 그대로 … 185
봄이 그냥 가버리네 … 189
부끄러움의 부재 … 194
아! 러시아 … 200

4. 참 좋은 날은

어디로 가나? … 207

어머니의 기도 … 212

오! 나의 태양 … 219

잊어야 하는 말 … 224

작은 발표회 … 229

집으로 … 232

착각 … 236

참 좋은 날은 … 241

치사랑 … 247

한 그루 나무 … 251

해조음 … 255

거짓과 진실 … 260

좋은 바람이어라 … 266

1.
사찰

　어디가 좋아서 꼭 어디로 가야 한다는 것도 마음에서 나오는 것이라, 굳이 그곳으로 가지 않아도 이곳 무이산이 있어 머물러 문수암을 지어도 좋지 않을까 하는 마음도 있으니 모두가 마음먹기에 달렸으리라. 그래서일까 문수암에는 문수보살의 모습이 지혜의 화신으로 영원히 남아 있으리라는 생각이 들었다.

바람 따라 문수암으로
내소사가 곱다
마음으로 가는 길
표충사에서 호국의 향기가
반가사유상과 로댕
백률사에 이차돈의 흔적이
오대산 적멸보궁을 오르며
원을 그리며
보림사에서 선종의 소리를
자아 찾아 직지사로

바람 따라 문수암으로

해동 끝자락에서 보이는 바다는 바람을 파도에 실어 암자로 보내나 보다.

바람 따라 날리는 머리카락을 추스르느라 길의 흐름을 놓치다 바람을 버리고 길을 찾는다.

청량산 자락에 세워진 암자는 해동의 오래전 가람이며 많은 고승을 배출한 수도 도량이다. 얼마 전에 입적한 청담스님의 사리탑이 있는 문수암에는 적요함을 담은 바람도 있다. 오래전 신라의 고승 의상스님이 가람을 세우려 산을 오를 때도 지금처럼 바람이 설쳐댔을까. 하긴 높을수록 걸림이 없으니 바람과 더욱 가까웠겠지. 오를수록 거세어지는 바람이다. 이리저리 흔들어대는 절간의 풍경이 내는 청아한 소리가 가슴으로 파고든다.

계단을 따라 오르니 무채색의 하늘 아래에는 오색의 등이 눈부시게 빛을 내며 한들거린다. 초파일을 며칠 앞둔 날이어서 중생의 발원을 담은 연등이 줄을 잇고, 나는 아이처럼 들떠서 공양간과 문수전으로 이어지는 계단을 오른다. 암자의 주 법당 뒤쪽으로 마주한 바위를 올려다보면서 의상스님이 시현하였다는 문수보살상을 찾아 친견하고, 가파른 언덕길을 오른다.

천불전을 지나고 그 위로 독성각이 보인다. 많지 않은 법당이 언덕배기에 있어 오르고 내리고를 하다 나는 대웅전 앞에서 잠시 멈추어 선다. 바라보는 경관이 시원하다. 탁 트인 절경 탓에 시야가 더욱 환해지며 눈앞으로 보현암이 보인다.

바다를 등 뒤에 두고 암자를 품에 안고 우뚝 솟아있는 커다란 부처님이 속세의 모든 것을 내려놓고 가까이 오라고 손짓한다.

문수암은, 여수 향일암, 남해 보리암과 함께 남해안 3대 절경의 하나로 꼽힌다. 청량산에 오르니 해동 절경지인 한려수도의 수많은 섬이 물안개 속에서 속삭이는 신화를 그림처럼 보여준다.

문득 신라 688년, 의상대사가 창건할 때의 창건신화가 예사롭지 않게 여겨진다. 의상스님이 구도 행각 중 어느 마을에서 유숙하게 되었는데 꿈속에 한 노승이 나타나 다음 날 아침에 걸인이 올 터이니 그를 따라가라 하며 홀연히 사라지는 꿈을 꾸었다고 한다. 현몽을 얻은 걸인으로 나타난 문수보살의 인도를 받아 청량산에서 먼저 문수암을 창건하였다는 창건 신화가 전해지고 있다.

의상대사가 처음으로 친견한 문수보살상은 조각가나 석공들에 의해 만들어진 것이 아니라, 문수보살의 법력으로 중생제도를 위해 모습을 나타내어 보인 것이라 한다. 문수보살은 석각으로, 관세음보살상은 두 자 일곱 치 크기의 목각으로 이루어진 청량산 문수암에는 문수보살의 모습이 지혜의 화신으로 가득하다.

어디가 좋아서 꼭 어디로 가야 한다는 것도 마음에서 나오는 것이라, 굳이 그곳으로 가지 않아도 이곳 무이산이 있어 머물러 문수암을 지어도 좋지 않을까 하는 마음도 있으니 모두가 마음 먹기에 달렸으리라. 그래서일까 문수암에는 문수보살의 모습이 지혜의 화신으로 영원히 남아 있으리라는 생각이 들었다.

내소사가 곱다

고운 것이 여기저기에서 손짓한다.

어디서부터 바라볼까 망설이는데 좌우의 시야에서 흩어진다. 보이는 고운 것은 눈에서는 점점 멀어지고 나는 마음으로 본다.

내소사 가는 길이다. 일주문에서 사찰의 대웅보전까지 걷는 길이 얼마나 아름다운지를 순간 망각하고 더 아름다운 것이 없나 하고 에둘러본다. 가고 오는 사람들은 나무와 나무 사이를 가르고 소중한 인연을 지나치며 걷는다. 자연이 뿜어내는 향기를 겸허한 마음으로 느끼며 사람은 나무를 나무는 사람을 서로 바라본다.

많은 사찰을 보아왔지만, 대웅전의 문을 꽃으로 장식한 문살의 아름다운 무늬에 발을 멈추지 않을 재간이 없다. 사람의 손으로 만든 문양이 이토록 곱다니!

  내 눈이 흐트러뜨릴까, 쉬이 지나칠까, 사진으로 남기려 이리저리 살피는 시선이 바빠지고, 고운 무늬의 무채색이 더욱 가슴을 뛰게 한다. 나무의 결을 그대로 살려 만든 자연과 인간의 합작품이 오랜 세월의 풍상을 겪으며 지탱해 온 것에 경이로운 마음이 들어 법당 안 부처님께 마음 모아 합장을 한다.

  고개를 들고 '대웅보전'이라 쓰인 현판을 올려다보니 정사각형의 나무 위에 새겨진 글의 짜임이 남다르게 보인다. 보통 다른 사찰의 현판은 가로로 쓰인 글이 많은데 이곳만의 특색있는 모양이 글씨를 더욱 돋보이게 한다. 조선 후기 서화가 '원교 이광사'가 쓴 현판은 우리나라에만 있는 특별한 서체 '동국진체'의 창시자가 쓴 글이라 더욱 사랑스럽고 곱다. '대웅보전'이라는 글을 안고 있는 나무가 이곳 내소사에 있다.

  잠깐 쉬려고 등을 나무 기둥에 기대어보니 사찰 처마가 보인다. 단청을 입히지 않은 무채색 나뭇결이 눈시울을 적신다. 오래전 선조들의 소박한 일상과 가난한 사람의 모습이 처마 위에 곱게 내려앉는다. 이곳은 처마 아래에 있는 나무조차 소박하다.

  살짝 기대고 있는 등 뒤의 기둥은 배흘림기둥이다. 부석사에

많은 배흘림기둥이 이곳에는 모서리에만 있다. 사찰 모서리 기둥은 배흘림이고 안쪽 기둥은 민흘림기둥으로 되어있다. 내소사에만 있는 꽃살문과 더불어 많이 회자 되어있는 보물이다.

해마다 정월이면 당산제라는 의식이 이곳 부안 내소사에서 행해진다. 유교와 불교의 제례 의식으로 진행되는 제(祭)의 특징은 우리 민족의 토속신앙을 '당산제'라는 이름으로 대중화해서 뿌리를 내리고 승려가 함께 의식을 치르기도 한다.

당산제는 마을에서 용(龍)줄을 엮어 내소사 경내로 들어오면서 시작된다. 내소사 경내에 있는 천 년 된 할아버지 나무에서 제를 지내고, 일주문 앞에 있는 수령 700년 된 할머니 나무의 제까지 두 번을 지내며 의식을 진행한다. 선조들의 거대한 나무가 내려다보며 사랑스러운 눈으로, 때로는 걱정스러운 눈으로 민초들을 바라보는 나무가 내소사에 가면 버티고 서 있다.

법당 안에 들어선 나는 불보살님께 예를 갖추고 정좌(靜坐)를 하며 둘러본다. 나무는 부처가 되고, 나무는 기둥이 되고, 나무는 보꾹이 되어 가람신의 오랜 모습으로 남아있다. 사람과 나무가 어우러져 더 많은 형상을 보여주는 내소사가 참으로 곱다.

마음으로 가는 길

음력 시월의 바람이 흩어짐 없이 매섭다.

보리암이 아득하게 자리 잡은 남해 금산의 정상을 향해 오른다. 사람들은 산행으로 오르는 길이 내게는 산사를 찾아가는 길이다. 닦여지지 않은 산길은 서투르고 고단한 수행자의 모습이 되어 고집스럽게 이어지고 있다.

보리암으로 가는 길이 지금은 잘 닦여져 턱밑까지 차를 타고 쉽게 오를 수 있으나, 40년 전 내가 오르던 길은 누구나 갈 수 있는 쉬운 길이 아니었다. 부처를 향한 마음을 닦으러 가는 발길이 아니면 오르기 힘든 곳이었다.

때마침 음력 시월은 김장철이기도 하다. 나는 그곳에서 부처를 가슴에 품고 오르는 사람들을 만났다. 산사의 김장을 도우러

산을 오르는 불자들의 움직임이다. 가벼운 바랑만 메고도 오르기가 숨 가쁜 곳을 아주머니들이 크고 묵직한 배추 한 포기를 머리에 이고 줄지어 올라간다. 장관을 이루는 행렬 속의 여인들은 모두 불심을 가진 보살들이다. 그 뒤를 따라 오르는 나는 땀을 비 오듯 쏟으며 부처님을 만나러 간다.

  산 아래에 흩어짐 없이 서 있던 바람이 이곳저곳으로 날아오르고, 바람은 보리암을 향한 내 삶의 여정에 복병이 되어 땀을 시원하게 식혀주기도 하고, 매서움으로 뺨을 때리며 다가올 길의 암시가 되어 정신을 차리게도 한다. 나는 쉬지 않는 바람의 움직임을 느끼며 앞서가는 보살들을 따라 오르고 또 오른다. 산길을 걷는 보살들의 말소리가 들리지 않는다. 묵언수행을 하고 있는지, 아니면 길이 험해서인지. 짐의 무게가 누르고 있다. 새소리, 물소리, 나뭇가지들이 속삭이는 소리만이 내가 산사로 가고 있음을 깨우치게 한다.

  한참을 오르다 그들의 머리에 이고 있는 저 배추 한 포기가 과연 얼마일까? 물건의 가치를 정성으로 보지 않고 값을 매기던 나는 부처님 생전에 살았던 가난한 여인 '난타'를 떠올린다. 구걸하여 얻은 동전 두 냥으로 등과 기름을 사서 부처님 지나가는 길목에 작은 등불을 밝히던 여인. 바람이 세차게 불어 왕과 귀족 등 여러 사람이 켜놓은 등불은 하나 둘 꺼지지만 가난한 여인이 켜놓은 등불은 꺼지지 않는다.

깊은 밤에 '목련존자'가 불을 끄려 해도 꺼지지 않고, 이 광경을 본 부처님은 "그 등불은 가난하지만 한 여인의 고운 마음을 큰 서원과 정성으로 켜놓은 등불이니 꺼지지 않으리라."고 말한다. 여인은 이 공덕으로 부처님의 수기를 받고 성불하게 된다.

배추를 머리에 이고 오르던 보살들의 고행 또한 수행이라, 행함의 거룩한 모습도 공덕이겠지만 작은 것을 가지고 큰마음을 낼 수 있는 마음들이 '난타'처럼 아름답다.

산길에 우뚝 솟은 큰 바위 틈새로 지나간다. 갑갑하게 보이는 좁은 길은 자칫 몸이 끼이면 나올 수 없게 보여 오르막길이 쉽지 않다. 아무리 산길이지만 사람의 손길이 이리도 닿지 않았을까. 발아래 닿는 다듬어지지 않은 돌멩이들은 발바닥을 더욱 지치게 한다. 지쳐있는 발걸음이 느릿해지고 늦은 걸음으로 3시간 가량 산행을 해야 보리암을 만날 수 있다니 도착하면 어둠이 먼저 반길 듯하다.

지치도록 오르다 보니 커다랗게 파여 있는 둥근 터널이 보인다. 바위가 만들어 놓은 터널 아래로 남해 푸른 바다가 눈 시리게 펼쳐진다. 세상의 사람으로 태어난 환희가 그곳에 있다. 한낱 인간인 내가 불심을 가지고 오르는 길 속에는 불심만이 아닌 사람의 마음이 가득 담겨있어 부처도 사람의 마음에서 시작되었음을 감출 수가 없다. 문득 지금 내가 가는 길은 천 년 전에도 있었던 길이지 싶다. 땀을 흘리며 오르는 산길이 혹 전생에도 바랑을 짊어지고 헉헉 숨 가쁘게 오르던 곳이 아니었을까?

어둠이 내려앉은 산사는 적막 속에서 향기를 마구 뿜어내고 어느새 나는 크게 숨을 쉬며 산사의 냄새에 젖고 있다. 높게 서 있는 해수관음상이 힘들게 오른 나를 향해 미소를 짓는다.

불가에서는 부부 연을 억겁의 인연이라는데 돌고 돌아온 인연이 아니고서야 내가 어찌 보리암에서 부처를 만나고 기도로 부부 연을 맺었을까. 닦여지지 않은 오래된 산길 끝에서 만나게 된 관음보살에게 나의 전생을 물어보고 싶었다.

표충사에서 호국의 향기가

어느 사찰이 이리도 향기로울까.

경남 밀양, 재약산 아래 가을 단풍이 만든 숲길을 걸으면 호국(護國)의 향내가 난다.

입구에 들어서니 빛바랜 작은 각이 먼저 눈에 들어온다. 여느 사찰과 구별되는 모습이다. 죽은 자의 영혼을 실은 영가가 경내로 들어가기 전에 잠깐 모셔지는 곳, 경내 입구에 있는 '가림각'이다. 입구에서부터 참으로 고운 영혼의 향내가 느껴진다.

표충사는 신라 654년 무열왕 원년에 원효대사가 창건하였으며, 사명대사의 충혼을 기리기 위해 모셔진 호국 도량이며 천년 고찰이다. 대가람이기도 한 이곳은 보우국사와 일연선사 등 많은 고승이 머물던 유서가 깊은 사찰이다. 또한 경내에는 서산대사를 비롯한 대선사들의 영정을 봉안한 표충서원이 있으며, 호국 성지답게 호국박물관이 있고 그곳에는 국보와 사명대사의 유품이 200여 점이 전시되어 있다.

팔상전, 관음전, 명부전 외에 많은 전각이 있어 표충사의 위용이 참으로 대단함을 느끼는 이곳에서 우리는 큰스님을 모시고 기도를 올린다.

기도는 발원이며 참회라는 스님의 설법을 듣는다. 내려놓고 비우고 베풀면 자연히 채워준다고. 그래서 비우는 것만큼 저절로 채워주는 부처의 공덕이 있다. 무위의 마음이 부처님 마음이라는 스님의 설법은 잠시 나 자신을 돌아보게 한다.

정근과 더불어 점심 공양 시간을 훌쩍 지나고 있다. 점점 한낮의 빛이 서쪽으로 기울어간다.

나는 대웅전에서 나와 '기와 불사'를 올리고 사명대사의 영정이 모셔진 곳으로 서둘러 발걸음을 옮긴다. 삼배의 예를 갖추고 선사의 영정을 바라보며 잠시 그의 삶을 떠올린다. 임진왜란이 일어난 해에 염주 대신 칼을 들고 나라를 지키던 스님은 승병을 일으켜 세워 금수강산을 지킨다. 사명대사는 1604년, 조선의 선조 임금 37년이던 해에 국서를 받들고 일본으로 건너가서 '도

꾸가와 이에야스'를 만나 갖은 고초를 겪으면서도 그를 감화시킨다. 임진왜란을 겪으며 일본으로 잡혀가 포로로 생존해 있던 우리 백성 3천500명을 아무런 대가도 지불하지 않고 송환해 온다.

사명대사의 호국정신이 수많은 생명을 지키게 되고, 그의 향기가 표충서원이 있는 재약산으로 스며들어 산을 찾는 모든 이들에게 감흥을 준다. 다도의 달인이기도 한 사명스님은 오히려 일본에서 이룬 행적으로 우리 민족의 자부심을 높이며 긍지를 갖게 하였다. 그는 다도의 향기를 일본에 퍼뜨리고 '사명'이라는 차와 '사명 차 법'까지 남기기도 하였다. 오래전에 있었던 스님의 행적은 오늘날에도 나라 사랑의 깊은 마음을 후손에게 가르치고 있다.

넓은 만큼 볼 것도 많고 기도할 곳도 많은 표충사의 칠성각 앞에는 나무 한 그루가 거룩한 모습으로 서 있다. 표충사를 찾은 사람들이 소원을 발하는 오색 띠를 나무 곳곳에 걸어두고 자신의 가정과 모두의 안녕을 기원하는 합장을 하고 있다.

나뭇결의 낡은 모습이 다듬어지지 않은 그대로인 채 머물러 있는 전각들도 그곳의 자랑거리인 듯 오래전의 모습 그대로다.

재약산에는 단풍과 곧게 뻗어있는 키 큰 나무가 잘 어우러진 숲길이 있고, 그 옆을 흐르는 계곡의 물이 있다. 그곳 자연의 향기는 나라를 사랑하고 불도를 닦던 수많은 선사의 넋을 천 년의 세월 동안 지키고 있다.

도반들과 함께 찾아다니는 순례 법회의 길에서 만난 표충사에는, 호국의 향기와 숲길이 오랫동안 남아있을 것 같다.

반가사유상과 로댕

〈반가사유상〉이 마주 보이는 곳에 의자 하나가 있다.

아시아 여러 곳에서 온 불보살의 조각품을 구경하다 눈에 익은 〈반가사유상〉 앞 의자에 앉아 바라본다. 같은 자세를 취해 본 나는 세상사 고뇌를 누가 더 많이 사유하고 있을까 겨루기라도 하는 듯 유심히 본다.

신이 아닌 인간의 고뇌하는 모습이 보여 친근하게 여겨진다. 홀쭉하고 긴 허리는 끼니를 거르거나 채식만으로 겨우 연명하는 수행자의 모습이 보인다. 몸을 이어주는 근육이 잘 보이지 않아 가녀린 소년일까? 얼굴에서 나타나는 고뇌의 모습이 궁금하여 더욱 가까이 다가간다. 깨달은 자의 생각을 내가 얼마나 읽을 수 있을까.

대낮인데도 사위가 고요하여 어둠이 내려앉은 듯, 밝지 않은 곳에서 나를 응시하며 반가부좌로 생각하는 저 모습은 누구일까? 출가하기 전 생로병사를 해탈하려던 싯다르타 태자의 모습이기도 하고, 미래에 다가올 미륵보살의 모습일 수도 있으리라. 〈반가사유상〉의 모습에는 해탈한 인간의 지나온 이야기가 담긴 듯하다.

누구든 자신의 삶을 아무런 생각 없이 살아갈 수 있을까? 더불어 사는 세상 속에서 자신과 더불어 타인을 의식하는 이타의 마음을 가져야 한다. 사람으로 태어나고, 생각하고, 그래서 살아있다는 걸 의식하게 됨은 빛나는 순간이다. 하지만 그 빛 속에는 늘 어둠이 따라다닌다는 것을 우리는 종종 잊어버린다. 어둠이 빛을, 빛이 어둠을 저버릴 수 없듯이 가진 자와 가지지 못한 자, 마음이 따뜻한 자와 마음이 차가운 자, 건강한 자와 나약한 자 등 우리가 사는 세상은 모든 것이 상대적일 수밖에 없다. 상대와 알게 모르게 괴리감을 느끼고 살아오며 지나온 고통스러운 일들이 있다면 그것 또한 거부할 수 없다. 고통스러운 일도 즐거운 일도 모두 삶의 진실이기에.

지나간 일은 내일의 선험이라 더욱 거부할 수가 없다. 아무리 버둥거려도 고뇌를 비켜 갈 수 없는 인간의 모습이 이곳에 있다.

나는 박물관 3층 의자에 몸을 기대며 눈을 감는다.

작은 틈 사이로 길게 들어오는 빛이 보리수나무의 굵은 줄기가 되어 서 있다. 나뭇잎 사이사이에 빛이 스며들어 그늘과 밝음의 어울림이 참으로 곱고 환하다. 나무 아래에는 야단법석의 자리가 펼쳐지고, 수도 없이 몰려든 사람들은 일찍이 깨우친 부처님의 설법을 들으려 환한 모습으로 오른쪽 어깨를 드러낸다. 내 오른쪽 어깨도 빛을 받아 윤슬처럼 희고 투명하게 반짝인다. 청명한 하늘 아래 그곳에는 남자와 여자가 따로 없다. 깨달은 자의 거룩한 가르침을 들으려 모인 군상의 모습뿐이다.

무심의 자세로 앉아서 보리수나무에서 떨어지는 열매를 주워 구슬을 꿰는 여인의 두 손이 모이고 합장을 한다. 성인의 말이 무슨 말이건 상관없다. 오로지 내 마음이 그에게 닿아서 그의 마음과 중생의 마음 모두 함께 있으니. 두 눈을 감고 평온을 유지해 보니 붓다의 마음 가운데 있는 내 마음이 한없이 자유롭다.

문득 온몸을 드러낸 한 사람이 두려움의 대상으로 다가온다.

조각가 로댕이 만들어낸 〈생각하는 사람〉이다. 그도 어깨를 드러내고 반가부좌를 하려 하지만, 힘 있게 만들어진 근육 탓에 가부좌가 잘되지 않는다. 훌륭한 근육질의 몸은 아름답지만, 너무 남성적이어서 현기증이 일어난다. 로댕이 만든 조각작품 〈생각하는 사람〉은 선한 마음에 담기엔 너무 무겁고 벅차다. 매력적인 남성의 상징이 아담의 원죄를 느끼게 하고 그곳에는 미쳐버린 한 여인이 있다. 남녀의 구별이 또렷이 나타나고 남녀가 뒤엉키어 사랑을 나누고 그러다 헤어져 버린 인간의 시시비비가 끝이 없다. 로댕의 삶과 예술은, 천국과 지옥의 파노라마가 되어 사라진다. 욕망으로 가득한 로댕이 만들어낸 인간의 모습 속에는 여자를 버린 강한 남성만 있는 것 같다.

조각가 로댕! 그의 작품에서는 반가부좌로 사유하는 동양인 모습은 볼 수가 없다. 오로지 예술혼을 불태우는 강인한 욕망만 있을 뿐이다. 나에게 로댕의 강인한 욕망이 있다면 나도 예술혼을 불태울 수 있었을까. 언젠가 수필 강의하던 은사님이 글을 쓰는 것을 치열하게 해야 한다며 나에게 힘을 실어주었던 날이 생각난다.

사유하는 사람들이 하는 가부좌의 자세는 부처가 되기 위한 동양인의 것이다. 로댕이 창작한 지옥문 앞의 <생각하는 사람>은 '카미유 클로델'을 지배하고 버리던 남성의 고뇌이며 강한 근육질의 사내가 있는 서양의 것이다.

　로댕이 동양의 '반가사유상'을 나처럼 응시하였다면 참회의 마음이 생겨났을까? 사랑의 포로가 되어 미쳐버린 여인을 향한 진실한 사유가 있었을까. 그도 삶의 고뇌를 하고 있었을지 모른다. 그래서 지옥의 문으로 들어가려다 보리수 아래에서 붓다를 찾은 것인지도 모른다는 상상을 해 본다. 그도 삶의 고뇌를 해탈하려는 마음이 있었으리라.

　로댕이 마음의 눈을 뜨고 반가사유상을 만났다면 자비로운 인간이 되었을까.

백률사에 이차돈의 흔적이

아! 그래 그곳에는 그가 흘린 피의 흔적이.

경주 백률사로 순례 법회를 가는 버스 속에서 잊고 있었던 그를 떠올린다. 불교중흥을 위해 신라 법흥왕과의 약속을 지키려고 스스로 순교한 사람.

'이차돈' 그의 목이 떨어진 곳에 세운 사찰 백률사를 찾아가는 오늘의 여정에 가슴이 뜨겁다.

경주를 여러 번 다녀왔으나 순교자가 흘린 피의 얘기가 전설처럼 담겨있는 백률사는 처음이다. 고운 단청 아래 너르게 펼쳐져 있는 대웅전 문이 환하게 열려있다. 그곳을 찾은 나를 백률사가 두 팔 벌려 반겨주는 듯하다.

조용히 눈을 감고 여학교 때 역사 과목에서 배웠던 신라 사람을 향해 묵례(默禮)한다. 나는 오래전의 기억을 되짚어보며 보이지 않는 숨겨진 곳을 보물찾기하듯 마음의 눈으로 보려 한다. 이차돈을 얘기하는 사람들은 『화엄경』에 담겨있는 한 구절을 인용해 말을 한다. "나무는 꽃을 버려야 열매를 맺고 강물은 강을 버려야 바다에 이른다."라는 경전의 뜻으로 이차돈의 죽음을 기리고자 함이다.

  백률사 가는 길목에 있는 지금은 사라진 사찰 굴불사의 굴불사지로 향했다. 먼저 그곳을 찾아 유래와 모습을 들여다본다. 신라 35대 경덕왕이 백률사로 가는 도중 땅속에서 염불 소리가 들려 파보게 하니 그곳에서 바위가 나왔다고 한다. 바위 사면에 불상이 새겨진 것을 기이하게 여겨, 그 자리에 절을 세웠는데 그게 바로 굴불사라고 한다. 일행은 먼저 서쪽 면의 아미타 삼존불을 시작으로 굴불사지 바위에 새긴 부처를 만난다. 북쪽은 미륵불이 있는 자리인데 마모가 심해서 한눈에 알아보기가 힘들었다. 동쪽은 약사여래불, 남쪽은 석가모니불을 새겨놓은 곳인데 이 역시 북쪽의 미륵불처럼 마모가 심해 부처님 모습의 구분이 쉽지 않았다. 그래도 그곳에서 나는 오래전 선조들의 불심을 엿볼 수 있었다. 바위 곳곳에 부처를 새기는 동안에 가졌던 통일신라 시대 사람들의 불교를 향한 신심이 예사롭지 않음을 보게 되었다.

일행이 앞뒤로 걸음을 재촉하며 백률사를 향해 걷는 길은 높은 산길이 아닌데도 힘들었다. 굴불사지 사면 석불 뒤로 올라가는 길은 왼쪽 계단을 따라 가파른 길을 올라가게 되어있었다. 그 계단은 돌로 되어있는데, 발아래에 나뭇잎이 무성하게 쌓여 있어 미끄럽고 위험하였다. 노약자들은 덜 위험하게 갈 수 있는 오른쪽 길, 빙글빙글 돌아서 가는 곳으로 향한다. 나는 앞장선 사람을 따라 조심스럽게 왼쪽으로 난 길을 걸었다. 두려움은 멀어지고 즐거운 마음이 어느 곳으로 가도 좋았다.

가파른 계단으로 오른 우리는 백률사가 있는 소금강산에 오른다. 해발 200m가 조금 넘는 낮은 곳으로 난 길에 올라서니 바로 대웅전이 보였다. 백률사는 대웅전과 요사채, 삼성각만으로 이루어진 작은 암자인데 부지에 딱 맞게 아담하고 예뻤다. 화려하지 않은 차가운 백색의 빛이 감싸고 빙 둘러서 있는 느낌이 들었다. 나는 그곳에서 순교자의 외롭고 고요한 마음을 느껴본다. 그곳이 이차돈의 하얀 피가 머물러 있을 것이라는 생각에 경이로웠다.

백률사에 담긴 이차돈의 일화는 오늘날 우리에게 단순한 이야기가 아닌 불심의 기초가 되기에 더욱 오래전의 모습이 그리워진다. 천 년을 한곳에서 지켜온 백률사는 관음 도량으로 알려져 관음보살상에 담긴 영험이 뛰어난 곳이기도 하다. 굴불사지에서 만난 부처의 모습과는 다르게 백률사에는 오래전에 석당이 있었다고 전해온다. 순교한 이차돈을 추모하기 위하여 건립한 '이차돈 공양탑'이라고 하는데 그가 순교한 지 290년이 지난 818년에 건립한 것이다.

　사각기둥의 자연석에 명문만 기록하는 일반적인 비와는 달리 육각기둥에 조각과 비문이 결합된 비상의 형식으로 만든 것이라 한다. 불교에 공헌한 이차돈의 숭고한 정신을 기려 세운 백률사 석당이 지금은 백률사가 아닌, 경주 박물관에 있어서 아쉽게도 보지 못했다. 귀중한 유물인 '금동약사여래입상'도 함께 박물관에 소장되어 있다고 하니 다시 경주를 와 보아야겠다는 구실이 생겼다.

　이곳저곳을 살피느라 법당에 늦게 도착했다. 도반들이 하나같이 자리를 차지하고 있는 법당 안은 틈이 없어 바깥, 나무 아래 도량을 만들어 앉아서 스님의 설법에 귀를 기울였다. 백률사의 영험을 쫓아다니지 말고, 참된 수행을 실천하는 불자가 되라는 선지식의 가르침이 죽비로 내려치는 소리가 되어 가슴에 새긴다.

일행은 백률사를 뒤로하고 낮게 자리한 산길을 걸으며 바위에 새겨진 마애불을 본다. 소금강산의 정상이라고 말하지만 그다지 높지 않은 곳이었다. '삼존마애불좌상'의 모습이 오랜 세월의 풍상을 말해준다. 마모가 너무 심하여 무서운 얼굴 모습이다. 더구나 볕이 들지 않는 곳에 새겨진 삼존불은 우울하게 흉해 보였다. 양지나 음지를 가리지 않고 암벽에 새겨진 마애불의 다양한 모습을 보면서 곱거나 추하거나 하는 마음을 갖지 않고 보게 된다. 다양한 모습의 부처님을 어두운 곳, 밝은 곳 가리지 않고 새긴 불심을 가진 사람들의 마음이 느껴지는 곳이다.

오래된 대웅전, 요사채, 선원, 범종과 종루도 다 갖추어져 있는 작고 소박한 법률사가 이차돈이 순교한 곳이라 더욱 애틋하였다.

오대산 적멸보궁을 오르며

 오대산 아래 상원사에 도착한 시간은 사시가 되지 않아 불경 소리가 들리지 않고 조용했다.
 일행은 흐린 날씨 탓에 질척거리는 산길을 따라 오른다.
 산사로 가는 길에서 만나는 사람들의 모습은 언제나 꿈에 젖어있다. 내생을 향해 꾸는 꿈일까, 이생을 평화롭게 잘 살기 위해 꾸는 꿈일까. 나는 그림으로 펼쳐지는 모든 것이 꿈에 머무르지 않기를 바라며 길을 걷는다.
 강원도 오대산에는 적멸보궁이 있다. 월정사를 뒤에 두고 상원사를 지나 중대 사자암을 가로지르며, 적멸보궁으로 오르는 길은 평창의 하늘과 닿아있다. 잿빛 구름 아래 적멸보궁은 불상이 보이지 않아 부처가 없는 곳이라지만, 부처를 가슴에 품고 가는 내게는 산사와 다름이 없는 길이다.

이틀 전에 동계올림픽 폐막식을 치른 곳이라, 강원도 땅 구석구석 그곳 사람들 손길이 닿아서 쓸고 닦은 흔적이 보인다. 처음 와 보는 평창에서 내가 올림픽 수혜자라는 생각이 들었다. 가파르지 않은 계단은 눈도 먼지도 보이지 않고 무척 깨끗하다.

간절한 마음을 헉헉거리는 발걸음에 담고 산을 오르는 보살들은 너도나도 몰아일체 모습이다. 어떤 경계도 없는 오롯이 불심뿐이다. 오르는 계단의 한쪽에는 외할머니의 유골을 담은 것처럼 보이는 하얀 항아리가 드문드문 서 있다. 항아리는 외로이 서서 『금강경』을 되풀이 독송 중이다.

한참을 오르니 단청을 곱게 한 적멸보궁의 모습이 보인다. 부처님 사리를 모신 곳, 불자들이 하늘을 머리에 이고 두 손을 모아 합장하며 줄을 이어가고 있다. 그들 모습 속에 나도 담아 넣으며 하늘을 이고 오르고 오른다.

높고 협소한 곳에서 사람들과 더불어 참배를 마치고 내려오니 아주 가늘고 미세한 눈발이 바람이 되어 날아다닌다. 전생에서도 눈발을 맞으며 적멸보궁으로 참배를 하는 인연이 지금처럼 있었을까? 찰나에 가슴이 뭉클하다.

계단을 내려오니 상원사에 들렀다가 월정사로 향하려면 시간이 촉박하다며 모두의 발걸음이 바빠진다. 내려오는 중간에 만난 중대 사자암에서 점심 공양을 하며 잠깐 쉬어간다. 지혜의 화신 '문수보살'이 사자를 타고 다니다 쉬어간 곳이기도 하다고 한다.

발걸음을 재촉하며 약 1400년 전 신라 선덕여왕 때 '자장율사'가 세웠다는 상원사에 들렀다. 우리나라에서 가장 오래된 동종이 국보 36호로 보존되어 있는 곳이다. 동종의 소리가 아름답기로 유명하다. 세조와의 유래가 담긴 '관대걸이'가 있고, 세조가 친견한 문수동자의 동자상이 있어 두 곳 모두 상원사에서 볼 수 있다.

일행은 빠듯한 하루 일정에 맞추느라 서둘러 월정사에 도착했다. 법당에서 스님을 모시고 잠시 예불을 올리고 오대산 동쪽 계곡의 울창한 수림으로 들어가 보았다. 사철 푸른 침엽수가 향기를 뿜어내며 키 자랑을 하고 있다.

산사의 고즈넉하고 우아한 아름다움이 무위자연의 마음을 가지라 가르친다. 5만 보살이 상주하고 있는 월정사는 주변 환경과 오래전 사찰의 위엄으로 불교 성지로 신성시되어 있다. 나는 그곳에서 자장율사, 한암, 탄허스님 등 이름난 선지식이 머물던 곳만으로도 충분하다는 생각이 들었다.

강원도 오대산에 가면 월정사, 상원사, 적멸보궁이 한국 불교를 지키고 있다.

하늘을 향해 뻗어있는 전나무 숲의 곧음과 사철 푸름을 지닌 침엽수처럼, 승가의 얼을 청정하게 지키고 있는 자랑스러운 한국 불교의 버팀목들이 있는 곳, 자랑스러운 우리나라다.

원을 그리며

　원을 그린다. 시작을 어디서 하건 맞닿은 곳에서 손을 떼고 살피면 같은 형태만 보일 뿐 어디서부터인지를 알아차리기 어렵다. 표시하지 않는 한 원은 시작점을 보이지 않는다.
　음력 사월 초파일, 발원하며 연등을 올리는 불자들의 행렬은, 부처님 시절에 구걸하여 등을 올리던 가난한 여인 '난타'를 떠올린다. 오래전이나 지금에도 믿음을 가지고 선하게 살아온 사람들과 나라 사랑에 목숨을 바치는 선열들 그들 모두의 덕행에는 시작의 점을 보이지 않는다.
　그저 그런 날에 그런 시간이 있고, 그런 삶이 있어서 내 나라와 내 가족을 사랑하는 사람들이 있으니, 그들을 위해 살아가며 열심히 기도하는 삶을 사는 사람들이 지금도 있고 그때도 있었다. 살아가는 것이 아무리 힘들어도 누구의 탓을 하지 않으며 앞만 보고 열심히 살아온 선조들이 가졌던 그때 그들의 고운 마음을 지금도 얻을 수 있을까. 길을 찾아 나선다.

마음에 동그라미를 그리며 만다라를 떠올린다. 티베트 사원에서 줄을 잇고 마니차를 돌리는 사람들은 원을 그리며 마음에 모를 만들지 않는다. 윤회의 진리를 알기에 스스로 길을 찾으려 한다.

숲에 사는 작은 생물들의 모습을 관찰하는 생물학자 '조지 해스컬'은 숲에 1미터의 지름을 가진 만다라를 그려놓고 자연이 만든 그곳에서 숲의 향기를 맡으며 작은 우주 속의 생물을 관찰한다. 생물학자가 펼쳐놓은 만다라에는 얼음이 어는 날, 박새를 비롯한 겨울새와 추위에 잘 견디는 크리스마스 고사리와 숲속 이끼들의 난관을 관찰한다. 자연의 시간이 흘러 새싹을 키우려고 얼음이 녹기 시작하는 날에 나타나는 수많은 씨앗이 춤을 추며 날아다닌다. 봄날 꽃가루 대롱을 통해 정자세포와 난자세포들이 만드는 작은 식물들의 즐거운 유희가 그곳에 있다. 학자는 지구상에 있는 각양각색 종의 곤충들이 번식을 위해 쉬지 않는 생존의 싸움을 지켜본다.

반짝거리는 반딧불이의 수컷과 암컷이 보여주는 짝짓기의 진기한 모습은, 우리가 쉽게 접하지 못하는 자연현상이다. 여름날 저녁 숲에서 만나는 반딧불이의 빛은 수컷이 암컷을 유혹하는 발광기로 짝짓기를 위한 구애의 선물 공세라니 작은 곤충에게도 사랑은 빛의 환희가 되어 움직이나 보다. 숲은 살아서 움직이는 작은 생명을 만다라 속에 담고 우주로 비상하고 있다. 생물학자는 작고 미세한 곤충이 어떤 형태로 움직이는지 관찰한다. 숲의 색깔이 계절을 따라 변화하는 것과 나무 사이사이로 들어오는 빛의 반격을 보면서 숲을 흔드는 바람의 길을 따라 걸으며 자신을 사색의 창으로 이어주는 숲을 통해 우주의 생명을 몸으로 느끼려 바라본다. 그가 숲에다 만다라를 그려놓고 모든 살아있는 생물의 덕행을 느끼며 바라본다면, 나는 인간의 고운 모습들을 고스란히 마음에 담아 보려고 스치는 동그란 얼굴들을 그려본다.

이따금 도반들과 함께 사찰을 다녀오면 아주 작은 동그란 스티커를 받는다. 사찰 순례를 처음 시작할 때, 받았던 속이 텅 비어있는 둥근 형태의 그림이 그려진 만다라 받침대가 있다. 큰 원 안에 작은 원을 하나씩 붙인다. 도반들과 다녀온 사찰 기행은 사람과의 인연을 다스리는 찰나의 성취이기도 하다.

　나는 그 작은 동그라미 하나하나에 붓다의 노래 〈사구게〉를 집결시켜 줄을 세운다.

　경전 곳곳에 담긴 글귀의 주인공을 열심히 찾다 보면 결국 마음이 그 자리를 차지하고 있음을 알게 된다. 나의 마음이 느끼는 것과 내가 할 수 있는 것이 무엇인지 가르며 그 속에서 과거, 현재, 미래의 불가사의를 얼마나 찾을 수 있을까 내 마음 안에 만다라를 그려 넣는다.

　나의 마음은 내 몸 어디에 있을까, 온전히 내 것일까? 곱게 가만히 머무르지 않는 '마음이'는 터질 듯 강렬한 열정을 가지고 꿈틀거리며 미친 듯 춤을 추기도 하고, 참기 어려운 화를 내며 거친 몸짓을 드러내려고 한다. 때로는 따뜻하고 때로는 차가운 것이 담겨서 타인처럼 생소하게 느낄 때가 종종 있다. 힘들고 어려울 때는 마음을 잃어버리고 방황하는 모습이 드러나기도 하는 날들이다. 차분하게 지키려 애를 쓰는 내 마음에도 수천 가지의 오류가 생겨날 수가 있어 다루기가 쉽지 않다. 나는 그것이 내 육신과는 무관한 하나의 개체로 존재한다는 생각이 들면 두려움이 앞선다.

자세히 들여다보지 않아도 나는, 하늘이 아니고 나무가 아니고 별이 아니고 달이 아닌 것을 알고 있다. 단지 내 마음에 에너지를 품고 상상이라는 파동을 일으켜 하늘, 나무, 별, 달이 되고 싶어 한다. 자연의 아름다운 모습이 신비로울 때는 그저 닮으려고 나의 마음이 빛을 발하고 있을 뿐이다. 우리는 무엇이고자 하지만 그 무엇도 아니다. 다만 꿈과 아름다운 색채와 따뜻한 모습을 담고 고운 생각 속에서 움직이고 싶은 작은 미물일 뿐이다.

원으로 형상화한 만다라는 우주 생명체의 온갖 덕을 망라해서 현상의 모습을 그림으로 나타낸다. 둥글게 두루두루 갖추어진 것을 말하려 한다. 그 속에는 하나가 많은 것을 움직이고, 많은 것이 하나를 향해 움직이는 수많은 마음의 밭이 펼쳐져 있다. 한 사람이, 많은 사람이 서로를 향한 마음의 밭을 잘 지키는 것이 얼마나 아름다운 덕을 가지나 생각하게 된다.

티베트 승려들이 정성스럽고 아름답게 색 모래로 만든 만다라는 불교 의식과 기도에 사용한 뒤에 깨끗이 쓸어 모아 강에 흘려보낸다. 이는 세상의 모든 아름다움은 덧없으며 집착이 무의미하다는 것을 일깨워준다. 결국 스님들이 행하는 만다라 의식은 마음을 잘 가꾸어야 한다는 것을 일러주는 것이지 싶다.

　나는 줄지어 세워놓은 네 줄의 글 속에서 의미를 찾아보려 하지만 아직도 경전의 의미를 잘 이해하지 못하는 것 같다. 머무는 데가 없이 마음을 내라고 설하는 경전 속의 그 마음 다스림을 찾아 오늘도 나는 길을 헤매고 있다.

보림사에서 선종의 소리를

 어쩌면 이리도 평화로운 고요함일까.
 산사를 찾았을 때 종종 느껴지는 마음이지만 장흥 보림사는 더욱 안온하다. 너른 절 마당에 벌렁 드러누워 깍지 낀 손을 머리 아래에 받치고 파란 하늘만 종일토록 바라본다면 이상 더 아무것도 필요 없는 무소유의 행복이 보이는 곳이다.
 기와 불사를 하는 곳에는 환한 미소로 사람을 반기는 보살이 있다. 참으로 평화로운 곳에서 봉사하는 고운 마음이 느껴진다.
 언덕이 보이지 않아 비탈길을 오르지 않아도 바라보는 곳에 대웅전, 옆에는 비로전, 뒤에는 극락전, 조금 걸으면 관음전이 보인다. 묵언수행 중일까. 말이 없는 발걸음만 보이는 스님이 있는 이곳 절 마당을 한 바퀴 둘러본다. 모든 전각이 환하게 빛을 뿌리며 선종의 소리를 들려주는 듯하다. 감추거나 숨겨진 곳이 없다. 이렇게 가지산에서 자리를 잡은 보림사는 천년고찰이다.

보림사에는 사찰의 규모에 비해 유물과 유적이 많이 있다. 송광사의 말사이지만, 큰 사찰 못지않게 보물이 많이 있어 자랑거리가 풍부한 곳이다. 통일신라 시대의 유물이며 국보로 보존하고 있는 보조선사의 창승 탑비와 보림사 사적비가 있으며, 계단 옆에는 담벼락이 흐르고 그 아래에는 예쁜 길이 있어 참으로 아름답다. 비탈진 곳이 없어 수행자가 안정적으로 좌선을 하는 것처럼 보이는 모습이 보림사의 첫인상이다.

사각으로 네모진 마당을 천천히 걸으며 보림사의 역사를 알아본다.

보림사는 신라 현안왕의 명으로 보조국사 '체징'이 창건한 사찰이다. 체징이 중창한 보림사는 구산선문 중 가지산문을 연 곳이기도 하다. 신라 때 도의선사가 중국에서 달마대사의 선종을 공부하고 돌아와 염거화상에게 전수하고 그의 밑으로 제자들이 각기 다른 절로 가서 선(禪)을 모태로 전파하였다. 신라 시대의 승려들이 달마의 선종을 이끌며 선불교를 주창하여 많은 선승을 배출해 낸 곳이다. 우리나라 산사를 다니며 선문을 일으킨 스님들이 선종의 역사를 이어온 곳이 보림사다.

체징은 염거화상으로부터 이어받은 선종을 가지산 보림사에서 후학을 기르고 선풍을 일으키니 이곳을 가지산문이라 한다. 내가 항상 자랑스럽게 생각하는 책 『삼국유사』를 쓴 일연스님도 가지산문 출신의 선승이라고 한다. 왕족과 귀족만을 위한 불교에서, 새로운 가르침으로 혁명적 사상을 일으켜 세운 선종이 신라의 민초들에게 전해져 파장을 일으킨, 오래전의 신라 시대 선승들의 마음의 소리를 들을 수 있을까. 어려운 문자를 모르는 가난하고 힘없는 백성들도 성불할 수 있다는 선의 가르침을 조용히 일깨워 준 도의선사의 위대함에 감사한 마음이다.

절 마당을 걸으며 바라보는 가지산은 그리 높은 산은 아니다. 보림사로 향하는 길은 평범한 길이다. 보통은 산으로 오르는 사찰들은 산비탈에 축대를 쌓고 세우기도 하나, 보림사는 지극히 평편한 땅 위에 아무런 기교도 없이 세워져 있다. 누구나 좋고 나쁘다는 분별이 없는 지혜를 가지고 중생의 마음을 서로서로 잘 바라보며 깨달았으면 하는 부처님의 뜻이 보림사에 담겨있지 않을까 싶다.

사찰의 보통은 대웅전이나 대적광전이 하나만으로도 충분히 법당을 갖추고 있는데, 보림사에는 석가모니 부처님이 있는 대웅전과 비로자나불이 있는 대적광전이 옆옆이 자리를 잡고 있다. 국보 제117호 대적광전에 있는 비로자나불은 철제로 신라 때 조성된 것이다. 연대가 확실하여 매우 중요한 가치를 지닌 보물이라 한다.

흔히 법신불이라 일컫는 비로자나불은 불교의 진리자체를 상징한다. 마음을 닦고 바로 보아 성불하라는 의미를 지닌 달마의 선종을 일으킨 곳, 보림사에 진리의 화신인 비로자나불을 바라보며 내가 알고 있는 진리의 척도를 재어본다. 생각이 다 부질없음을 일깨워준 것이 달마의 선 수행이지 싶다. 번뇌가 많아 그 번뇌를 놓지 못하는 어리석은 중생이라 참선의 깊은 뜻을 헤아리지 못하고 있다. 진리를 먼저 알고 난 후 마음을 다스리는 것이 참된 선이 아닐까. 그것으로 참선의 자리를 만드는 구실이 될 것 같다.

나는 보림사에서 만났던 평화로운 마음을 잊지 않으려고 다짐해 본다.

자아 찾아 직지사로

이른 아침에 남의 시간을 20분이나 슬쩍 뺏고서 버스에 오른다.

초저녁에 잠을 설치다 새벽녘에 깜빡 잠이 들어 알람 소리를 듣지 못하고 1시간이나 늦게 일어났으니, 부랴부랴 서둘러도 예정보다 20분이 늦었다.

직지사는 아직 가보지 못한 사찰이라 꼭 가야 한다는 고집이, 버스를 지연시켜 기도하러 가는 도반들의 시간을 도적질한 것 같은 마음이 들었다. 왜 하필 직지사로 가는 길의 시발점에서부터 나를 돌아보게 하는지 모르겠다.

"직지인심 견성성불"이라는 부처의 경전이 담긴 곳으로 진즉에 마음이 닿아있다. 사람의 마음에서 참된 본성을 찾는 것이 어렵거늘, 경전의 말은 더욱 알아차리기가 쉽지 않을 것 같다.

　역사가 깊고 보물이 많은 황악산 직지사는 훌륭한 선사를 키워낸 곳이며, 유래가 깊어 일화가 많이 담겨있는 곳이기도 하다.

　신라 눌지왕 때, 아도화상이 창건하였다고 전해진다. 아도화상이 선산 도리사에서 손가락으로 황악산을 가리키며 저 산에도 좋은 절터가 있다고 해서 직지라는 이름이 붙게 되었다는 설도 있고, 고려 태조 때는 절을 중건하면서 능여대사가 직접 자기 손으로 측량하여 지었기에 직지사라는 이름이 붙었다는 설도 전해져 내려오고 있다.

　많은 설화와 유래가 담긴 직지사라는 이름의 배경으로는 그래도 경전에 담긴 말이 가지고 있는 의미가 가장 적절한 것이라는 생각이 든다. "직지인심견성성불"이라는 글귀의 앞 글자 '직지'에서 직지사가 되었음이 타당하다는 생각이 들었다. 선종의 경전에는 가르침보다 사람의 마음으로 깨달음을 얻는 수행과 참선의 중요함을 일깨우는 말이 오래전 선사들의 뜻이었으리라.

　직지사 경내에는 대웅전을 비롯하여 비로전, 약사전, 극락전,

응진전, 명부전 등이 보물로 남아 있으며 금동6각사리함은 국보로 지정되어 있다. 그 밖에 석조약사불좌상, 대웅전 앞 3층석탑 2기, 대웅전 삼존불 탱화 등이 모두 보물로 지정된 곳이다. 또한 그 유명한 사명대사가 스님으로 몸담게 된 곳이며 그의 일화가 지금까지 전설이 되어 전해지고 있다.

직지사는 대웅전 하나로도 오래전 가람의 아름다움을 감상할 수 있는 곳이라, 대웅전에서 좌선하여 보는 것만으로도 충분히 경건함이 느껴진다. 천정의 연꽃무늬와 단청, 외벽에 그려진 열 폭의 선종화가 있다. 그곳에는 인간의 본성을 찾아 깨달음에 이르는 과정을 소와 동자승의 모습으로 비유한 '심우' '견우' '목우' 등이 그림 속에 담겨있다. 그림 하나하나가 모두 보물이다.

대웅전 앞뜰을 보면 3층석탑이 좌우로 우뚝한 자태로 뽐을 내고 서 있다.

7월 백중 기간이라 설법 전에서 큰스님의 선창에 따라 열심히 지장 기도를 하는 내내 직지사의 자리가 오래전의 뿌리 깊은 가람을 실감하는 벅찬 마음이었다.

대웅전에서 조금 내려오면 금강문이 보인다. 금강문에는 여자의 원혼이 깃들어 있어, 전설이 되어버린 설화를 들려주기도 한다.

　옛날 떠돌이 승려가 경상도 어느 마을에서 시주를 받으려고 들렀는데 그 집의 무남독녀 딸이 승려에게 반해 상사병에 걸려 죽을 지경에 이르렀다고 한다. 딸을 살리기 위해 아버지는 승려를 거두었고, 승려 역시 마음에는 없으나 여인의 목숨을 살리기 위해 혼인을 하고 처가살이를 한다. 아들을 낳고 잘 살던 여인이 항상 미안한 마음을 가지고 있었는데, 아내는 아들과 자신을 두고 떠나지 않을 것이라 믿고 감추어 두었던 목탁과 가사 장삼을 내주었다. 물건을 받은 승려는 다시 불심이 발동하여 야반도주한다. 아내는 남편을 찾아 수소문하던 중에 김천 직지사에 있다는 소문을 듣고 아들을 업고 여러 날을 걸어서 직지사 금강문 자리까지 왔으나, 결국 아들과 함께 피를 토하고 죽었다고 한다.

　이후 해마다 여인이 죽은 날이 되면 직지사 스님들이 한 사람씩 불려 나가 여인이 죽은 그 자리에서 피를 토하며 죽어갔다. 사찰에서는 여인의 원한을 위로하고자 그 자리에 사당을 지어 해마다 기일에 맞추어 제사를 지내 주었다고 한다. 그러던 어느 날, 도력이 높은 고승이 직지사를 찾았다가 그 사연을 알고, 크게 나무라며 금강역사를 모신 금강문을 지어 여인의 원귀를 쫓아내게 하였다고 한다.

직지사에는 사찰의 오랜 세월만큼 가슴 아픈 사연이 깊이 서려있는 곳이기도 하다. 승려와 여인의 일화가 그 시절만의 얘기가 아닌 듯, 남녀의 사랑은 예나 지금이나 쉽게 사라지지 않는 인간의 굴레가 아닐까?

직지사가 주는 경건함과 아름다움 속에도 삶의 허망함을 감출 수 없음을 깨달으며 왜? 선사들이 "직지인심 견성성불"을 화두로, 깨달음으로 살라고 가르쳤는지 조금은 알 것 같았다.

2.
음악

　눈에 보이는 모습들을 사랑스럽게 본다면 보이지 않는 것들은 그리운 마음으로 보게 된다. 그리운 마음도 말을 하면 사랑이 된다. 노래하다가 뇌리를 통해 문득 보이는 것이 그리움이 되고, 누구에게나 있는 그리움이 나에게만 특별히 찾아오는 게 아닌데 특별하게 생각되는 그리운 모습이 있다.

문득! 음악이
물방아
바흐가 기억나니?
보리밭
브람스의 사랑은
슈베르트의 〈송어〉
시장 판타지
아베마리아 주술
이별의 노래
첼로와 피리
피아니스트
프라하의 봄
노예들의 합창

문득! 음악이

　내겐 긴 슬픔이 없다. 문득 들려오는 음악을 따라 보이는 것이 슬픔까지 잠재운다.
　사그라지는 노을빛을 바라보며 부르는 나의 노래는 긴 고독을 만들지 않는다.
　깊은 생각에 잠겨 허우적거릴 때 들려오는 음악은 고달프고 아픈 마음을 달래준다.
　나는 언제나 음악과 벗이 되어 함께 흥얼거린다.
　푸치니가 작곡한 오페라 아리아 〈그리운 아버지〉가 들리면 귀를 기울여 듣게 된다. 입시를 위한 자유곡으로 연습하라며 가르쳐주던 날이 떠오르고 박인자 선생님이 보인다.
　여고 2학년 때 음악 시간에 만난 선생님은 소리가 좋으니 음악대학을 가라며 수업 시간에 자주 불러내어 음악실로 가곤 했다. 학교 수업이 끝나면 집으로 가지 않고 선생님 댁으로 가서 입시 준비를 위해 발성 연습을 하였다. 전교생 조회가 있는 월요일이면 선생님을 대신해 애국가 지휘를 하던 일도 있었다. 아마도 많은 사람 앞에서 노래하게 되면 긴장하지 말라는 무대 경험의 시간을 주었던 것 같다.

이탈리아 가곡을 자유곡으로 정해놓고, 이탈리아 말을 잘 읽는 가르침도 받았다. 음악을 따로 배우던 때 어떤 교과과목보다 더 열심히 노래하며 입시 준비를 하였다.

시인의 시구가 담긴 우리의 가곡을 노래할 때는, 가사를 음미하며 배에서 나오는 소리의 고운 느낌으로 부르라며 가르쳐준 선생님을 오랫동안 잊고 있었다. 그리워하면서도 문득문득 떠오르는 선생님을 지우려던 나는 도대체 무슨 생각이었는지⋯.

막연히 음대를 지원하고 서울에서 성악과 교수를 만나고 난 후에야 대학에 간다는 것이 꿈이 아닌 현실임을 실감하게 되었다. 부산에서 여고를 다니던 나는 집과 가까운 대학도 가기 어려운 형편에 서울까지 유학가려고 했으니 참으로 기가 막히는 일이었다. 홀어머니와의 삶이 녹록하지 않아 힘겨운 날이 많았는데도 음악을 하겠다고 고집을 부렸으니 세상 물정을 모르는 철부지였지 싶다.

얼마간의 시간을 노래 부르는 것, 말하는 것이 싫어져 침묵으로 마음을 닫아버렸다. 그 시간이 참 오래였다. 돌이켜보면 침묵 속으로 도피해버린 일이 참으로 못난 행동이었다. 용감하게 부딪히며 음악과 더불어 생존할 수 있는 길을 찾아보려 하지도 않고 숨어버린 것이다. 비겁하게도 변명하게 되는 구차한 모습을 보이는 자신이 더욱 초라해서라고 에둘러 말한다. 그런 행동이 그다지 잘한 일이 아니라는 생각이 뒤늦게 들어 인간의 이기적인 단면을 나를 통해 돌아보게 된다.

문득, 입시를 위해 열심히 배우던 음악이 들려오면 '그때 왜 그랬어.' 침묵이 속삭인다. 침묵의 소리가 너무 또렷하게 들려 스스로 민망한 마음을 지울 수가 없다.

내가 걸어가는 길 위에는 다양한 모습의 사람과 존재하는 모든 것이 보인다. 보이는 곳에는 사랑으로 말을 건넨다. 보이지 않는 것에는 사랑의 말을 건네지 못하고 눈만 껌벅인다. 눈으로 볼 수 없는 것이 수없이 많다. 부끄러움, 미안함, 회한의 마음은 말을 하지 않으면 보이지 않는 어두운 침묵이 된다. 사랑하는 마음도 볼 수 있는 마음이 없으면 사랑이 사라진다. 아직도 박인자 선생님께 전하지 못한 감사의 마음이 영영 사라져 버릴까 초조한 마음이다.

눈에 보이는 모습들을 사랑스럽게 본다면 보이지 않는 것들은 그리운 마음으로 보게 된다. 그리운 마음도 말을 하면 사랑이 된다. 노래하다가 뇌리를 통해 문득 보이는 것이 그리움이 되고, 누구에게나 있는 그리움이 나에게만 특별히 찾아오는 게 아닌데 특별하게 생각되는 그리운 모습이 있다.

구구절절 말을 하지 않아서 멀어진 친구가, 나의 침묵을 이해하지 않고 떠났다고 생각했는데, 그들이 떠난 것이 아니었다. 침묵 속에 스스로 갇혀있었다. 그렇게 지나간 일들은 언젠가 살아나 지나치지 못하고 보고 싶은 마음을 노래하게 한다. 나의 은사인 선생님, 일찍 가버린 절친, 부모님. 사랑과 고마움을 말하지 않아 회한으로 남아있는 그리움은 나의 특별한 인연의 소치이다. 침묵에 갇힌 마음을 끄집어낸다. 한 소절의 글이 되고, 한마디의 노래가 되어 글을 쓰며 노래한다.

하루의 끝자락에서 철인과 문인이 쓴 글을 읽으며 위안을 받으려 한다. 좋은 글귀도 있으나 기도의 힘을 얻고 싶어 붓다의 경전으로 깨달음의 시간을 가지기도 한다. 잠언처럼 들려오는 성인의 말에서 위로를 받기도 하지만, 나에게 가장 큰 위로가 되고 즐거움을 주는 것은 기억으로 듣게 되는 음악이다.

문득 들리는 음악 속에는 나에게 가곡을 가르쳐준 은사님이 있고, 술을 거나하게 마시고 고복수의 〈타향살이〉를 멋지게 부르던 아버지도 있다. 어머니의 작은 소리는 왠지 한이 서린듯 하다. "연분홍 치마가 봄바람에~"로 시작되는 〈봄날은 간다〉 이 노래는 세상에 둘도 없는 명곡이다. 어머니의 노래는 아주 작은 소리여서일까. 성악을 배우며 감성이 얼마나 중요한지 알고 나서 들릴 듯 들리지 않아 더욱 감성이 깊어졌던 어머니의 목소리가 가슴에 와닿는다.

부모님이 청춘일 때 나는 그 시대를 잘 알지는 못하지만, 여류 예술가의 불운한 삶을 책을 통하거나 드라마를 보며 알게 되고 여성들의 고달픈 삶을 관조하게 된다. 인간으로서 본분을 지키며 예술을 사랑한다는 것도 쉽지 않았으리라.

가수 윤심덕, 화가 나혜석, 무용수 최승희. 불행한 삶의 나락으로 떨어진 이들의 이름은 듣기만 하여도 슬픔의 대명사가 되어있다. 고루한 우리 사회에서 음악이나 미술 등 자신이 가진 재능을 구가하면서 가정을 잘 이끌어가는 일이 쉬운 일이 아니었으리라. 그런 환경이 지금은 거의 사라지고 맘껏 자신의 삶을 예술과 함께 공유할 수 있게 되어있다. 조금 더 일찍 사회생활을 알았다면 음악 공부하기가 쉬웠을까.

내 나이 열일곱에 만난, 선생님이 가르쳐준 음악에는 힘든 상황이 닥치면 버팀목이 되어준 노래가 많다. 주로 우리 가곡과 이탈리아 가곡, 오페라에 등장하는 아리아 등. 음대 입시생 전용곡인 오페라타 아리아에 나오는 〈카로 미오 벤 Caro mio ben〉에 꽂혀 구슬프게 부르면 슬픈 마음이 사라지고 문득 선생님의 가르침이 들린다. 이곳에는 이렇게 부르라고 설명한다. 이탈리아 말에 엑센트를 강하게 넣는 부분을 알게 된다. 푸치니 작곡의 오페라 아리아 〈그리운 아버지〉를 부를 때는 그리운 마음을 담고 아버지를 생각하며 불렀는데 그게 아니었다. 제목의 번역이 엉뚱하여 노래의 뜻을 잘 전달하지 못한다며, 아버지를 그리워한 게 아니라 아버지를 협박하는 내용의 아리아라고 한다. 여주인공이 자기가 사랑하는 사람과 결혼시켜주지 않으면 베키오 다리에서 떨어져 죽겠다는 간절한 마음을 호소하다가 협박하는 내용이라고 해서 실소하며 노래를 부르던 기억도 그립다.

 문득 떠오르는 음악이 그리움이 되고, 나를 유년으로 돌아가게 하는 동심도 있다.

물방아

"미나리꽝을 지나서" 한 소절만 알고 부르던 음악이 전파를 타고 흐른다.

옛 시골의 고운 모습이 담긴 물방아 노래가 선조들이 살아온 모습을 보여준다. 어렴풋이 아버지 목소리가 들린다. 사람을 만나면 낯을 가리던 아버지도 노래를 부를 때는 사람을 의식하지 않는 듯 목소리가 테너다.

귀가 환하게 반응하는 이 노래는 테너 안형일 선생이 부르는 우리 가곡 〈물방아〉다.

깨끗한 언양 물이 미나리꽝을 지나서 물방아를 돌린다.
팽이같이 도는 방아 몇 해나 돌았는고 세월도 흐르는데

부딪치는 그 물살은 뛰면서 희게 웃네, 하늘에 구름도 희게 웃네
물방아 도는 곳에 옛 생각이 그리워라

　언양이 고향인 정인섭의 시를 가사로, 작곡가 김원호가 선율을 띄운 〈물방아〉를 내가 간직한 그리움으로 해석해보니 우리 가곡 중에서 가장 맑은 노랫말과 아름다운 멜로디를 간직하고 있는 것 같다.
　노랫말처럼 언양에는 맑은 물이 지천으로 흐르고 도랑에는 미나리가 온통 퍼져있다. 미나리꽝이 초원처럼 펼쳐있고 물방아가 쉬지 않고 도는 그곳을, 휘돌아보면 언양의 진산과 영남알프스 아홉 봉우리가 병풍처럼 버티고 있다.
　배경이 웅장한 이 땅이 울산의 시작이 된 곳이다. 오래전 한반도에 흘러든 인류가 물이 맑은 언양이 좋은 곳이라 최적의 터전으로 점지한 장소라 전해온다.
　물방아 노래를 쉬이 들을 수 없었던 시절이 있었다. 가곡을 즐겨 부르던 성악가들이 우리 가곡 〈가고파〉, 〈선구자〉, 〈내 마음〉, 〈그네〉 등을 즐겨 불러 라디오에서 종종 들었으나 유독 〈물방아〉는 가곡은 잘 들을 수가 없었다.

일제의 부역자라며 명단에서 시인의 이름과 작품을 지우기에 급급하던 날이 있었다. 그런 시절에는 그런 사람도 있었다. 문학을 하는 사람의 글에서 꼬투리를 잡아 사장되어 버린 글이 더러 있다. 안타까운 마음이다. 지나친 시시비비 때문에 겪은 아픔이 이 땅에 너무나 많다. 예술을 사랑하며 업으로 알고 살아가던 사람들을 힘들게 하던 시절의 어두운 그림자가 이제는 사라져야 한다. 아름다운 작품을 앞에 두고 흑과 백을 가리며 오랜 세월을 허송하던 옛사람의 모습이 어리석어 보인다.

스물아홉 결혼을 앞두고 울산 큰댁에 간 기억이 있다. 아버지가 돌아가시고부터 왕래가 없었던 큰댁을 찾고 싶었다. 아버지의 유산이 조금이라도 남아있을까. 어리석은 기대를 하는 마음과는 다르게 한 소절의 음과 노랫말이 나를 따라다니고 있었다. 나도 모르게 흥얼거리던 노래는 고향을 향한 그리움이었지 싶다.

오래된 기억만으론 도무지 큰댁을 찾을 수가 없었다. 한참을 헤매어도 동네 어귀조차 찾지 못하여 울산에 사는 이종 오빠의 도움으로 들어선 집은 신식 양옥이었다. 나의 기억이 멀어지고 희미해져서 보이지 않는 것일까. 큰집 가까운 도랑이 미나리로 덮여 온통 푸른색이던 냇가도, 물방아도 보이지 않고 물소리도 들리지 않았다. 큰댁에 들어서면 보이던 외양간의 소도 보이지 않았다.

가난하여 맑게 보이던 그리움이 풍요 속으로 사라져버리고 변해버린 고향의 모습이 눈앞을 흐리게 한다. 유년에 아버지를 따라다니며 익숙하게 걷던 길 위에서 늘 보던 산하가 처음 만난 타인처럼 낯설다. 느닷없이 나는 큰아버지 앞에서 갑자기 통곡하고 말았다. 산다는 게 힘들어서 소리 내어 울고 싶던 질풍노도의 시절에도 슬픔을 조용히 음악으로 삭히고 노래하던 삶이었는데….

겨우 찾은 고향에서 부끄러운 민낯을 보이다니, 큰아버지 앞에서 터져 나온 나의 울음이 고향과 아버지의 사라짐을 확실하게 각인시키는 날이었다. 울음을 멈추고 몇 마디 나눈 대화를 통해 큰집 형편과 큰아버지의 마음을 알게 되었다. 사촌 남동생이 아버지의 제사를 모신다는 얘기를 듣고 이제는 제사를 지내지 않아도 된다고 말하였다. 딸이어도 내가 할 것이라며 스스로 다짐을 하고 돌아왔다.

스님의 집전으로 지장 기도에 동참하여 아버지께 잔을 올리며, 매달 법당에서 아버지를 만나기로 했다. 홀가분한 마음이었다. 어머니로부터 이어받은 불심을 가지고 부처님 전에서 기도하였던 내 모습을 돌아보니 참으로 고마웠다. 그리움이 먼지처럼 흩어지고, 여태 감추었던 마음을 드러내고 소리쳐도 이젠 슬프지 않다. 마음으로 만나는 나와 아버지의 시간을 갖게 되었으니까.

인간의 삶이 순환하는 곳에 어떤 인연이 존재할까. 부모의 임종을 보지 못한 사람은 부모가 나에게 남긴 것이 과연 무엇일까? 라며 생각하게 된다. 마음을 잘 다스리지 못하여 방황하는 세월도 있다. 친구들이 아버지 얘기를 서슴없이 즐겁게 하는 동안 나는 노을 진 하늘을 보며 노래한다. 아버지와 딸의 연을 죽음이라는 말로 갈라놓기가 싫어서 꿈에서라도 만나기를 기원하던 세월이 참으로 길었다.

인간에게는 고달픈 인과의 역사가 얽힌 곳이 어디에나 있다. 지나버린 삶의 기억을 더듬는 곳에서 톨스토이의 '물방앗간지기 우화'가 생각난다.

톨스토이는 『인생론』에서, 대대로 내려오는 물레방앗간을 아버지에게서 이어받은 한 사나이의 이야기를 들려준다. 훌륭한 유산을 받고도 쓸데없는 생각에 묶이어 삶을 낭비하는 사람이 있다. 고향에서 나고 자란 그는 눈을 감고도 물레방아를 작동할 수 있을 정도로 친근하고 편안한 유산을 받았다. 방앗간에서 곡식을 빻아 생계를 꾸리며 잘 살던 그는 어떻게 하면 곡물을 더 곱게 찧을 수 있을까 하는 궁금증이 생긴다. 곡식을 찧다 말고 물레방아의 과학적 원리를 알기 위해 역학에 대한 강의를 들으러 다니며 물의 근원을 찾느라 많은 시간을 허비하여 보낸다.

 어느 날 제방과 시내의 물을 보다가 물레방아의 근원이 가까이에 있음을 문득 알게 된 방앗간지기는 궁금한 마음을 멈춘다. 다시 방앗간으로 돌아와 보니 자신의 맷돌에는 거미줄이 생기고 오랫동안 이루었던 모든 것이 퇴락하여 피폐해져 있었다. 그동안 아버지로부터 받은 좋은 유산이 망가지고 있었다. 사람들은 그의 물레방앗간에 곡식을 찧으러 오지 않았다.

 헛된 생각으로 보냈던 세월 속에서 방앗간지기가 욕심을 내며 찾던 것이 무엇이었나를 생각하다가 젊은 날의 내 모습을 돌아보았다. 인내하며 살아온 삶의 길이지만 헛된 길도 있음을 깨닫는 순간이 있다. 누구에게나 주어진 세월을 그저 그렇게 아무런 의미도 없이 흘려보내 버리는 시간 또한 인간의 모습이다.

이제는 타인에게 보이기 싫어서 마음을 닫고 있었던 청춘 시절의 내 모습을 여유롭게 바라본다. 어쩌면 그저 그런 날은 지나가고 또 지나간다.

톨스토이가 우화처럼 쓴 글에는 좋은 유산을 받고도 쓸데없는 욕심을 부린 방앗간지기의 헤매던 모습이 있다. 또한 내 것이 아닌, 내게 없는 것에 미련을 가지고 헤매던 나의 모습도 모두 어리석다고 말해주는 듯하다.

다행히도 나의 그저 그런 날에 음악이 있어 조금은 밝은 마음이었지 싶다.

<물방아>가 가곡이 되어 노래하면 그리운 풍광이 보인다.

바흐가 기억나니?

　시작의 선율이 흐르고 〈팬텀싱어〉의 청춘들은 시냇물 되어 강줄기를 타고 흐른다. 빛나는 강의 물결이 잔잔한 유속이 되어 거대한 바다로 들어간다.
　삶의 모든 길로 통하는 음악의 바다는 고달프고 힘들어하는 세상의 고난을 잊어버리게 한다. 나 또한 아홉 팀의 남성 4성부가 들려주는 다양한 노래에 취하여 가난한 삶이지만 풍요롭다. 꿈처럼 노래하는 그들의 정연한 리그가 너른 벌판을 채운 코스모스가 되어 하늘거린다.
　바흐의 잔잔하고 아름다운 멜로디가 카운트 테너의 청량한 목소리로 들려온다. 〈G 선상의 아리아〉다. 성부가 다른 소리로 노래하는 'ㄱ나니?' 팀이 베이스, 바리톤, 테너, 카운트 테너로 노래한다. 남자 네 명의 표정이 행복으로 가득하여 주변이 환하다. 자칫 거칠어질 수 있는 질풍노도의 청춘들이 음악에 매료되어 소리도, 모습도 눈부시게 아름답다.

세상에나! 사람의 목소리가 이토록 숨 막히게 아름다울 수 있을까. 사람이 악기라면 최상의 악기가 되리라. "you, you, you"라는 단어가 반복되는 노래의 가사가 쉬워 따라부르다가 내가 곧 you가 되어 즐기고 있다.

아름답게 어우러지는 바흐의 선율을 들으며 잊고 있던 기억을 더듬는다. 방음이 되지 않아 음악이 조심스럽게 떠다니던 골방에서 작은 트랜지스터에 귀 기울여 들었던 클래식이 기억의 골짜기에 숨어있었나 보다. 안채와 사랑채 사이를 지나면 보이는 구석진 골방에서 노래를 즐겨 부르던 아이에게 선물처럼 찾아온 것이 악성들의 음악이다. 베토벤 소나타, 푸치니 오페라, 브람스 자장가, 슈베르트 연가곡 등 수많은 멜로디가 뇌리로 스며들어 음악이란 놈을 사랑하기 시작하던 시절이다. 그때가 유년이라서 사랑이 더욱 깊어진 것일까.

아이는 누가 만든 곡인지 어떻게 소리를 내어야 하는지도 모르면서 마냥 흥얼거리다 귀로 익힌다. 익숙하게 들으며 흥얼거리던 까마득한 멜로디가 가까이에서 들려온다. 기억의 고리가 길게 이어지고 성악의 꿈을 꾸었던 시절이 아련하다. 무슨 꿈을 꾸었는지, 그저 고운 소리를 가진 사랑스러운 소프라노가 되고 싶었다. 그것이 음악으로 향하던 길의 시작이었건만….

이종 언니가 프로듀서로 있던 방송프로 〈누가 누가 잘하나〉에 출연하며 노래 부르기도 하고, 해가 뉘엿거리다 사라지던 시간이 되면 듣고 익히던 노래를 부르던 외가 골방이 노을빛으로 물들어 아름답던 나날이다.

노래하고 싶었던 성악의 길이 가난과 더불어 세월의 풍화 속으로 사라지고, 음악이 아닌 모든 것이 서툴러서 내가 몹시 초라하게 보이던 날들이 주마등이 되어 스친다. 사라져버린 그 시절이 슬픔만 남아있는 줄 알았는데 고운 추억이 되어있다.

이제는 어두웠던 기억이 잘 숙성되어 시간의 제한 없이 언제라도 끄집어내는 회상의 멋이 있다. 바흐의 음악을 듣고 아련한 선율을 끄집어내어 환하게 웃을 수도 있다. '내 마음이 여태 음악을 사랑하고 있었구나.' 귀한 마음도 있다.

기억의 고리가 뭉글뭉글 떠다닌다. 바흐가 누군지도 모르고 소리에 끌리었던 음악은 나의 정신에 아름다운 줄로 이어지고,

내가 가지고 있었던 음의 감성이 나를 지탱하는데 큰 버팀목이 되어있다.

〈팬텀싱어〉의 청년들에게서 수많은 감성을 느끼는 것도 유년의 기억이 있어서이다. 개성이 다른 팀이 자기들만의 특별한 모습으로 창작해 내는 힘이 어디에서 나올까. 서로 다른 팀의 노래를 들으며 바라보는 푸른 청춘의 시선이 따듯하다.

감성 가득한 지성인들이 서로의 무대를 관전하는 모습이 참으로 매력적이다.

클래식과 팝이 잘 버무려진, 크로스오버의 반복되는 연습과 감성이 스며있는 소리의 아름다움이 와그작거린다. 열정이 가득한 36인의 노래하는 청춘이 모여 있는 곳, 개성이 다른 가객이 즐기는 곳, 오롯이 음악만으로 엮어진 마당이다. 가슴 가득 소리로 전해오는 4성부로 이루어진 9개의 팀 모두 다 열정과 낭만을 품은 감성이 각각의 개성이 되어 잠시도 눈을 뗄 수 없게 한다. 경쟁이 아닌 공연으로 최선을 다하는 청춘의 모습이다. 내가 찾던 멜로디가 여기 다 있어 고맙고 즐겁다고 소리 지르고 싶다.

스포츠를 즐기는 청춘, 음악을 사랑하며 노래하는 청춘, 나의 취향은 음악이지만 제각각 다른 분야에서 최선을 다하며 살아가는 모습들이 경이롭다. 부모의 헌신과 스스로 노력을 기울여 낸 결과물이다. 자녀의 재능을 발견하는 것이 부모에게는 쉽지 않았으리라. 부모 세대가 지혜를 모으고 힘을 기울여 자녀의 갈망을 알아내어 이끌어 주었던 삶이 청춘들에게 큰 자산이 되지 않았을까?

음악대학 가려던 꿈이 사라지고, 내게 없는 것이 너무 많아 엄두를 내지 못한 현실의 벽이 높아서 두려움을 느꼈을까. 끝내 빈손을 보며 자신감이 사라져 도전하지 않고 포기하는 마음이 더욱 힘들었다고 말하고 싶다. 그리고 그 마음이란 놈은 아버지를 연필로 그리고 있었다. 돌이켜보면 그때의 참담한 생각과 괴로운 마음이 아이러니하게도 음악으로 치유할 수 있어 다행이었던 질풍노도의 젊은 날이었다.

어른들은 자라는 아이들이 하고 싶은 것이 무엇이며, 앞으로 어떤 경험으로 세상에 존재할 것인가. 관조하는 마음으로 한 발 뒤로 물러나서 아이의 재능을 찾고 한 발 나아가서는 그것으로 마음껏 열정을 불태우게 도움을 줄 수 있어야 한다. 자라나는 아이들과 부모 모두에게 필요한 자산이지 싶다.

소리에 진심을 담고 끊임없이 창작하며 노력을 기울인 곳에는 서정이 차오르는 음악을 전하는 〈팬텀싱어〉가 있다. 그들은 지금 청춘 예찬을 구가하고 있다.

자연재해 등 많은 일이 일어나고 세상이 혼란스러워도 음악을 놓치지 않고 살아간다면 삶 속에 아픔이 생겨나도, 곧 음악이 아픔을 치료하여 세상의 질서를 이루리라. 그 중심에 노래를 사랑하는 재능이 뛰어난 청춘들이 있다.

아이들이 묵혀온 기억은 그냥 기억이 아닌 삶의 중심이 되기도 하고 힘든 삶을 지탱해 주는 버팀목이 된다. 자라나는 아이들에게 자신이 살아온 유년의 기억을 소중하게 만들어 주고 가꾸어주어야 하는 것이 어른의 역할이 아닐까.

좋은 소리를 가진 사람은 훌륭한 악기, 최고의 악기를 가지고 있다. 누군가 '목소리가 참 좋네요.'라고 하는 말을 듣게 되면 스스로 악기를 잘 간직해야 한다. 고운 목소리는 나를 빛나게 하는 보석이 되기도 하니까.

청춘들이 수많은 삶의 애환을 만나기도 지나기도 할 것이다. 사랑의 고뇌가, 배고픈 가난의 시련이 다가와도 그들에게 아름답고 열정적인 음악이 있다면 잘 이겨내리라.

세상의 어둠을 밝은 빛으로 만드는 청춘의 소리는 거친 말이 아닌 고운 음악이다. 나는 대한민국의 자랑스러운 남성 4성부 팀이 만들어가는 그들만의 리그전에서 그들의 소리가 모티프가 되는 아름다운 노래가 계속 들리기를 바란다.

 익숙한 것이 우리 삶의 토대가 되고 그것이 음악, 미술, 문학 등 예술로 승화시킬 수 있다면, 그런 아름다운 모습이 세상에 선한 영향력을 끼치리라.

보리밭

 우리가 살아가면서 스치고 지나쳐버린 삶의 아름다운 궤적이 얼마나 될까.
 어느 날 가곡 〈보리밭〉을 부르다 문득 찾게 된 그것이 첫사랑이었을까?
 "뉘 부르는 소리 있어 발을 멈~춘다."
 이 노랫말 때문에 옛 생각을 떠올린다는 그의 말을 그저 스치듯 흘려보내던 젊은 날의 기억이 아스라이 머문다.
 수산대학교를 졸업한 후, 배를 타고 멀리 떠났다가 돌아오던 그가 가곡 〈보리밭〉을 노래하면 누군가가 생각이 난다던 말을 잊고 있었다.
 바다 위에서 뭍이 그리웠을까. 무슨 의미로 그 말을 내게 하였나. 참으로 우둔하고 쌀쌀맞은 나를 돌아보게 되고, 그때 놓친 내 마음은 무엇이었을까. 지나간 생각이 바람이 되어 흔들거린다.

가뭇없이 가버린 질풍노도의 시간을 떠올리는데 미안한 마음이 드는 것은 왜일까. 아주 작은 두근거림마저 없었다면 거짓이리라. 그렇게 두근거림만으로 만나 사랑하고 결혼을 하였다면, 지금 〈보리밭〉을 노래하듯 고운 추억이 그대로 남아있을까.

나의 이모와 형님, 아우 하며 지내던 이웃 할머니의 아들이 어느 날 인사차 우리 집에 오고 그와의 스치는 인연이 그렇게 닿았었다. 어머니가 신뢰할 수 있는 인품을 가진 그는 딸만 있는 우리 집에 오면 오빠 노릇을 하려 했다. 무슨 일에 그가 나서면 '별일이야.' 하면서 비아냥거리던 나는 그가 우리 집에 오는 날이면 속으로 반기며 겉으로는 무척 쌀쌀하게 대했던 날들이 떠오른다.

내 귀는 소라껍질 바다의 소리를 그리워하오.

누구의 시인지도 모르는 내게 그가 읊어대던 시 한 소절이 이따금 입속에서 중얼거린다. 그게 누구의 동시일까? 왜 나는 그 글귀가 동시라는 생각이 들었을까. 아마도 순수했던 시대의 만남이라 그런 생각을 한 것이라고 말하고 싶다.

궁금해하던 짧은 시 구절이 장 콕토의 시 「귀」라는 것을 후일에 알게 되었다.

배를 타는 선장의 직업을 가진 그의 마음이 바다로 향하고 있었구나. 참으로 무심하였던 내 마음을 들여다보게 된 것은 아주 오랜 시간이 지나 버린 후였다.

온통 성악과에 가고 싶은 것에만 관심이 쏠려있던 나는, 음악대학에 가려고 어느 곳에서나 연습처럼 노래를 부르던 날이 있었다. 사람들 앞에서 노래해야 하는데 떨림이 심했던 기억만이 남아있고 그의 학교에서 무슨 노래를 불렀는지 기억이 없다.

그때 그 아름다운 시간 속에서 연습하던 노래는 멘델스존의 〈노래의 날개 위에〉였는데, 내가 그의 학교 개교기념일에서 멘델스존의 음악을 노래하였는지 아니면 다른 어떤 노래를 불렀는지 도무지 생각이 나질 않는다.

무대 경험이 부족한 여고생이 대학생들 앞에서 노래하는 것이 얼마나 긴장이 되었으면 그 시간을 잊고 있을까. 그 고운 노래를 부르던 순간을 잊고 있다니!

　학교에서 학생회장직을 맡고 있던 그의 도움으로 독창을 하고 그렇게 만났던 그를 까마득히 잊고 있었다. 내게는 그리 소중한 순간이 아니라고 생각했는데, 그게 아니었나 보다. 내가 잊고 있었던 것이 그에게는 소중한 추억일 수도 있으리라.

　세월이 흐른 후에도 〈보리밭〉을 들으면 옛 생각이 난다는 그에게는 잠깐의 젊은 날이 밝은 모습으로 남아있을 수도 있는데, 나는 왜 그 시간을 까맣게 잊고 있을까.

　새삼 보리밭을 부르며 우리 가곡의 소중함에 가슴이 벅차올라. 음악을 사랑하는 나만의 시선으로 돌아본다. 피난 시절에 배고픈 삶의 길을 걸었던 윤용하 선생과 시인 박화목이 만나 우리의 정서가 담긴 서정 가곡을 만든 노래가 〈보리밭〉이다.

　〈보리밭〉을 노래하면 가난한 보릿고개 시절의 삶도 가난한 청춘이 겪은 사랑도 있다.

　그 시절에는 첫사랑의 아픔이 영화가 되어 젊은이들 가슴을 저리게 하던 모습도 있다. 나탈리 우드와 웨렌비티의 아름다웠던 첫사랑이 허망하게 끝나면서 읊던 시가 영화 제목이기도 한 〈초원의 빛〉은 스치듯 가버린 젊은 날의 우리 이야기였다.

워즈 워드의 시처럼 현실이 아닌 기억 속으로 사라져버린 빛과 꽃의 아름다움을 한 폭의 그림으로 보여주던 영화는 첫사랑은 이루어지지 않는다는 것을 귀띔한다.

첫사랑이 담긴 모습은 억지스러운 것이 아닌 자연스러운 마음의 파동이지 싶다. 어떤 느낌이 사랑이라 해야 하나. 그 느낌이 언제 어떻게 얼마나 마음자리에 머물러 있을 수 있을까. 저녁나절 달맞이꽃 향기를 맡으며 느낄 수도, 〈보리밭〉을 노래하다 떠올리는 추억도, 즐겨보던 영화 속 주인공의 매력에 빠져 지나가 버리는 것도 사랑의 느낌이라 할까.

나의 삶이 흐르는 곳에 〈보리밭〉은 그리 멀지 않은 듯하나 첫사랑의 기억은 사라지고 멀기만 하다.

이제 세월은 흐르고 남녀의 결혼을 사랑이라고 말하기엔 너무 멀리 와 있다.

무지하게 사랑해서 만나고 결혼했으나 수많은 조건과 수많은 사람과의 관계 속에서 이루어진 약속이 벅찬 마음의 무게가 될 수도 있다. 남자도 여자도 결혼의 약속이라는 것에 부딪히는 몸의 무게를 느끼는 순간이 있다.

매일 해야 하는 운동이, 천변을 걸으면서 즐겨야 하는 시간이

때론 삶의 무게로 내려앉아 짓누르기도 한다. 건강을 생각하여 잘 먹고, 잘 살아야 하는 삶은 내키지 않는 일들을 생각 없이 해야 할 때도 있다. 결국 인내하는 마음과 사랑하는 마음을 잘 지켜야 하는 것이 결혼이지 싶다.

현 세태의 청춘들은 무거운 게 싫어서 가볍게 살고 싶어 결혼을 멀리하고 있는지도 모르겠다. 혹여 결혼이 무겁게 다가와도 사랑하는 마음을 놓치지 않으면 조금은 쉽지 않을까 생각해 본다. 결혼하기를 망설이는 청춘들에게 삶을 누르려 하는 결혼의 무게 속에다 사랑을 가미하면 조금은 가벼워진다고 말해주고 싶다. 사랑의 힘은 불가능을 가능하게 하는 불가사의한 그 무엇이 있다고도 말해주고 싶다.

몸이 지치고 천변을 걷는 일이 무게로 다가와도 보리밭 노래의 추억은 지금도 진행형이다. 음악이, 노래가 어떻게 추억을 쌓아가고 있는지 나에게 숙제로 다가온다.

브람스의 사랑은

일부러 버스를 탄다. 지하철보다 배나 걸리는 시간이지만, 1인석에 머리를 기대어 졸기도 하고 창밖 가로수 길을 바라보며 지나치는 여유로움을 즐기려 가끔 버스를 이용한다. 취미가 비슷한 기사를 만나면 라디오 주파수가 FM에 맞추어 반갑다.

운 좋은 날 라디오에서 들리는 교향곡 소리에 기억을 더듬는다. 브람스를 닮은 어둡고 무겁게 보이던 사람의 얼굴이, 야릇한 냄새가 떠오른다.

낙엽이 구르는 것만 보고도 재밌게 웃던 여고 3학년 갈래머리 소녀들이 부족한 수학 공부를 해 보겠다며 찾은 곳에서 수학이 아닌 브람스를 만났다.

유럽의 낭만주의 시절에 살았던 '요하네스 브람스'. 브람스를 닮은 수학 선생. 그의 우울하고 중후한 모습이 브람스를 닮기도 했지만, 더욱 브람스처럼 보였던 것은 언제나 브람스의 연주곡만을 감상하고 있어서였다. 공부 시간 외엔 말이 없었던 선생님은 혹시 브람스처럼 연상의 여자와 이루지 못할 사랑을 하고 있지 않나, 왜 브람스 음악만을 즐겨듣는지? 무슨 사연이 있을까 참 궁금했다. 함께 공부하던 친구들은 공부하는 방에서 발 냄새가 난다며 킥킥거리곤 했지만, 나는 브람스에 심취한 사람의 우울함과 느낌을 알고 싶어 감히 웃을 수가 없었다.

  사춘기 한창 예민하던 시절, 방정식으로 공식으로 매일 반복되는 권태로운 분위기. 그 속에 진한 냄새를 풍기던 수학 선생을 통해 교향곡을 들으며 나는 수학이 아닌 브람스를 공부했다. 부족한 수학은 뒷전이었고 브람스와 클라라의 사랑 얘기가 더 재밌었다. 브람스를 알고 싶어 음반을, 클래식음악실을 찾아다녔다.

  〈브람스 교향곡31번〉, 〈바이올린 협주곡〉, 〈헝가리 무곡〉, 처음 들어본 복잡 미묘한 브람스의 음악을 이해하기 어려웠다. 혼자 있을 때 클래식 듣기를 즐기는 편이지만, 곡 해석을 하며 매일 듣는 교향곡과 친해지는 것은 시간이 한참 지나서였다. 차라리 브람스와 클라라의 사랑 얘기가 쉽게 다가왔다.

　브람스의 사랑은 자유로웠다. 가슴으로 머리로 마음껏 사랑할 수 있었던 브람스의 사랑은 나이 차이도, 스승의 아내도 문제가 되지 않았다. 19살에 만난 14살 연상인 스승 슈만의 아내를 평생 흠모하며 헌신할 수 있었던 것도 세속적인 욕망은 버리고, 깊은 우정을 담은 사랑이기에 전설처럼 오래도록 잊히지 않고 내려오고 있음이리라.

　그 시절 나는 〈브람스 교향곡 31번〉을 들으며 그의 마음을 느껴보려 했다.

　세상 사람들이 알고 있는 자유로운 그의 사랑은 슈만의 사후에도 클라라와 자녀들을 지켜주는 깊은 산 같은 사랑이었다. 브람스는 산이 되고 자연이 되어 언제나 그 자리에서 남편을 잃은 클라라에게 공기를 주어 오랫동안 살아갈 수 있게 하였다.

　브람스의 사랑은, 첫눈에 반한 스승의 아내를 바라보는 눈 속에 여러 감정이 얽힌 분위기를 우아한 선율 속에 담고 노래한다. 화려하고 활기가 넘치는 음률 속에는 단조의 쓸쓸함과 외로움도 담겨있다.

　브람스의 사랑은, 자장가 속에도 있다. 뜨겁게 드러내고 싶은 청춘의 열정을 감추고 사랑의 감정을 편안하고 고요하게 묘사하려는 마음. 느리고 서정적인 선율 속에 절제된 고요함으로 클라라의 아이들을 위한 노래도 담고 있다.

브람스의 사랑은, 사랑의 고뇌가 담긴 애수가 어두운 그림처럼 흘러내리다 아름답게 소용돌이치는 깊은 물 속으로 곤두박질한다. 물과 어우러진다. 그리고 춤을 춘다.

브람스의 교향곡 피날레는 역동적인 힘을 가지고 기쁨에 넘쳐 연주한다. 자연과 사람을 품고 지나온 브람스의 길었던 사랑이 점점 해피엔딩으로 치닫는 마지막은 사라지듯 슬며시 없어진다. 오랫동안의 사랑을 조용히 지키며 보낼 수 있는 브람스의 마음이 담겨있다.

어쩌면 사랑은, 한 사람이 아닌 모두를 아우를 수 있을 때 더욱 빛날 수 있지 않을까. 브람스는 클라라를 사랑했지만, 그의 스승이자 클라라의 남편인 슈만도 그들의 자녀도 모두 사랑하여 크고 깊은 산처럼 그 자리를 지켜주었다. 자칫 어둠 속에 갇혀 우울하고 부끄러운 사랑이 될 수 있는 것을 투명한 공기가 되고, 고운 숨결이 되어 뿜어내고 있다.

일상의 버스에서 무심코 들었던 연주곡이 오래전 수학이 아넌 브람스에 심취하던 뜨겁던 날을 떠올린다. 브람스를 아직도 좋아하나요?

슈베르트의 <송어>

 어떤 사람은 힘든 일이 있을 때 아름다운 선율로 위로를 받고 싶어 한다.
 획기적인 그림, 훌륭한 문학작품, 오케스트라의 연주가 위로가 되어 마음을 보듬어 준다. 온 세계를 괴롭히는 팬데믹으로 인한 여파가 나에게도 스트레스가 되어 그것을 푸는 방법을 여러 가지로 배우고 있다.
 노래 부르기를 좋아해서 문화원 가곡반을 오래전부터 다니며 매주 수요일이면 즐거운 마음으로 목청껏 가곡, 오페라 아리아, 슈베르트 연가곡, 세계 각국의 민요 등을 배우며 부르는 것을 즐겼는데, 지금은 노래를 부르고 싶어도 문화원이 문을 닫아버리니 잊어가고 있다. 겨우 익히기 시작한 슈베르트의 <송어>

를 배울 때, 송어인가, 숭어인가? 의견이 분분하던 날에 노랫말 속에 강물에서 뛰노는 것이 송어라며 제목을 정확히 알게 된 가곡이다. 독일어를 소리 내어 읽으며 슈베르트가 작곡한 멜로디를 반복해서 듣고 배우던 〈송어〉는 다니엘 슈바르트의 시에 슈베르트가 곡을 써 만든 생동감 있는 멜로디로 경쾌한 곡이다. 가사와 멜로디를 겨우 익히려는 때에 갑자기 수업이 중단되고 노래 부르는 일이 멈추어 버렸다.

나름 스트레스를 달래려고 이른 아침에 집에서 가까운 천변을 걷는데, 스마트폰이 톡을 외치고, 지인이 보내온 영상을 본다. 그렇게 부르고 싶었던 〈송어〉가 성악곡이 아닌 기악곡으로 피아노 5중주를 연주하는 동영상이다. 피아노, 바이올린, 비올라, 첼로, 더블베이스 다섯 개의 악기를 연주가들이 가슴에 안고 경회루 느티나무 옆에서 연주한다. '우리 다시'라는 타이틀로 모인 연주자들이 위로의 연주를 한다. 제각각의 악기로 연주하는 발랄한 젊은이들 속에서 백발의 대가가 피아노를 치고 있다. 백발의 피아니스트는 내가 평소에도 좋아하는 믿고 보는 연주가이다.

그의 손끝에서 송어가 뛰어논다, 송어가 춤을 춘다. 피아노 건반 위에서 송어가 뛰며 헤엄을 친다. 순식간에 피아노가 강물로 변해 버리고, 노련한 대가의 피아노 소리는 맑은 강물 위에서 송어가 헤엄을 치는 듯하다. 갑자기 흙탕물이 튀어 오르고 대가의 손끝이 바쁘게 건반 위를 뛰어다니고 있다.

젊은 연주가들이 즐거운 모습으로 열정적인 연주를 하는데, 백발의 대가는 표정이 없다. 단지 건반 위 손의 움직임이 그의 예술혼을 말하고 있다. 슈베르트의 나이 22살에 만들어진 멜로디를 백발의 대가가 자유자재로 연주하는 손끝을 바라보며 함께하는 젊은 연주가들이 무색하게 보인다.

천변 벤치에서 슈베르트가 작곡한 〈피아노 5중주〉 연주를 듣다니 참으로 문명의 이기가 고맙고 좋았다. 순식간에 내 마음이 밝아진다.

독일 가곡으로 알려진 〈송어〉는 음악 교과서에도 실려있어서 많이 듣고 부르는 경쾌한 곡이다. 슈베르트가 힘든 일을 겪지 않았던 청년 시절에 만든 선율이라 어둡지 않고 명쾌하게 만들어진 곡이다. 31세의 젊은 나이에 요절한 슈베르트가 우리에게 남긴 곡은 주옥같다. 세레나데, 자장가, 교향곡, 연가곡, 아베마리아 등 다양한 음악 세계를 펼치었다. 고달픈 삶을 살면서도 아름다운 가곡을 남긴 슈베르트는 '가곡의 왕'이라는 호칭으로 부르고 있다.

괴테, 하이네 등 유명한 시인들의 시에 곡을 붙여 연가곡을 수채화처럼, 서정시처럼 노래 부를 수 있게 만든 슈베르트는 오늘날 가공되어버린 우리 삶에 자연의 아름다움을 선물로 준 것 같다. 친구를 좋아하던 젊은 시절에는 누구나 순박한 성품이었으리라. 그 시절의 천재 작곡가 슈베르트에게서 〈송어〉라는 음악이 생겨난 것이 당연하지 않았을까. 슈베르트가 함께 연주하는 친구들을 좋아해서 그들과 어우러지는 즐거움을 나타내기 위해 경쾌하게 만들어진 송어는 멜로디의 반복으로 이어지는 곳이 있다. 반복되는 멜로디를 백발의 대가 백건우가 능숙하게 피아노 건반을 두드리는 손을 보면 물속에서 마음껏 뛰어다니는 송어를 상상하게 한다.

요사이 나는 바쁘게 변해가는 삶의 속도를 따라잡지 못하여, 잘 넘어지기도 하고 소화불량에 걸리기도 한다. 공연히 작은 일에도 쉬이 슬퍼하고, 화가 나기도 하는 나의 성정이 변해가는 삶의 속도보다 더 빠르게 바뀌어 걱정이다. 그런 나 자신에게는 빠른 안단티노보다 느린 아다지오가 더 어울리는 것으로 보이기도 한다.

아다지오 느린 선율을 매일 연주하는 첼리스트 스마일로비치는 알비노니의 〈아다지오 G단조〉의 느린 곡을 22일간 하루도 빠지지 않고, 보스니아 내전 때 폭격으로 죽은 22명의 사람들을 위하여 폐허에서 첼로 하나만을 세워놓고 연주한다.

지금, 이 시간에도 우리가 알지 못하는 곳에는 많은 일이 일어나고 그래서 인간은 서로를 위로하며 사랑하고 살아간다. 자기만의 방식으로.

나는 이따금 노을이 질 때면 느리게 연주하는 〈아다지오〉를 기악곡으로, 또 조수미가 부르는 성악곡으로도 들으며 여유를 가지곤 한다. 몸의 늙음이 삶의 속도를 따라가지 못하기도 해서 느린 곡을 만든 작곡가에게 경의를 표하며 즐겁게 듣는다.

그러나 나는 지금, 마스크로 입을 닫고 은둔의 삶을 살아가는 늘어진 나날에 굴복하지 않으려고 빠른 멜로디를 들으며 회생하려고 고군분투한다.

내 손안에서 펼쳐지는 '우리 다시' 연주를 보며 피아노 선율에 푹 젖어 든다. 백발의 그에게 내재된 지금의 삶이 얼마나 고달프고 힘들었을까. 아름다운 가곡을 만들었던 슈베르트의 삶도 애환 속에서 너무 일찍 멈추어버렸다. 수많은 타인이 뱉어내는 말과 삶의 고통 속에서도 예술혼을 잃지 않고 위대한 작품을 만들었던 것도, 그들이 위대한 것은 인내와 인고의 세월을 잘 견디며 살아 온 것이지 싶다.

나무 아래에서 연주하는 대가의 백발이 쓸쓸하게 보인다. 같이 다니던 아내의 모습이 보이지 않는다. 삶의 속도를 따라가지 못하여 늙어가는 아내와 연주하는 대가를 보며 인고의 세월을 인내하는 모습들이 아프게 보인다.

슈베르트의 〈송어〉가 대가의 손끝에서 노는 모습을 보며 최고의 피아니스트인 그의 삶을 응원한다.

시장 판타지

색의 판타지가 화려하게 느껴지는 음악이 있다.

멜로디가 다양한 색을 보이며 신비스러움을 느끼게 하던 시장의 모습을 상상해 본다.

그런 곳이 정말 있기나 할까. 페르시아가 어디에 있는 곳일까?

묘한 이끌림에 세계지도를 펼치며 찾아보던 어린 시절이 있었다.

영국 작곡가 케텔비가 동양의 이국적인 정취를 오케스트라 연주곡으로 만든 〈페르시아 시장에서〉라는 음악이다. 전주에서부터 들리는 합창 소리가 흥겹다. 상상의 나래를 자유롭게 펼치게 되는 이 음악은 많은 사람이 모여 있는 시장의 모습을 떠올리게 한다.

음악이 주는 즐거움의 여파가 있었을까. 어린아이들도 따라 부를 수 있게 쉬운 우리말 가사로 편곡한 노래는 모두가 익히며 부르기도 했다. 이 노래를 처음 들었던 기억이 아득하다.

"페르시아 시장에서 흔들리는 천막에 사막을 넘고 넘어온 이야기꽃 피워라."

작곡가는 지금은 이란이 되어있는 옛 페르시아를 상상하며 사막 위에 만들어진 시장의 풍성하고 즐거운 모습을 악보에 그렸으리라.

이방인의 걸쭉한 모습과 왁자지껄한 소리로 가득 찬 시장이 보인다.

오케스트라는 시작부터 멜로디가 흥겹다. 사막을 지나서 시장을 들랑거리며 카라반이 타고 다니는 낙타에 달린 방울 소리가 경쾌하다. 금관악기와 타악기의 합주가 활기차서 신이 난다. 행진곡만큼이나 굉음을 내는 악기 소리가 강렬하여 엉덩이가 들썩거린다. 와글와글 사람들이 운집해있는 시장의 모습이다.

화려한 소리가 스타카토로 잠깐 끊어지더니 낮은 소리가 들린다. 서정으로 가득한 멜로디가 리타르단도로 이어진다. 다시 행진곡처럼 강한 소리가 들리더니 고요한 멜로디가 들려오고.

연주가 반복으로 이어져 익숙해진다. 같은 음의 반복에 중독이 되었나 자꾸 듣고 싶어진다.

　신기루가 나타날 것 같은 뜨거운 한낮의 사막이 강렬한 트롬본 소리로 더욱 붉어진다. 강렬한 소리와 함께 멈추어 있을 것 같던 태양이 지평선 너머로 은근히 사라진다. 연주하던 악기의 부딪히는 소리가 가라앉더니 느닷없이 잔잔한 음이 가슴으로 파고든다. 첼로 연주가 어스름 저녁 시장의 모습을 비추어준다. 사막의 진한 붉은빛이 노을 속으로 잦아든다. 사위가 어두워지며 아무것도 보이지 않던 하늘에서 셀 수 없을 만큼 수많은 별을 토해낸다. 반짝이는 정경이 무한하여 신비스럽다. 오케스트라 연주가 미세하게 반짝거린다. 『천일야화』의 신드바드와 셰에라자드 이야기가 밤을 만나 긴 사랑의 서사를 만들고 있는 곳, 신기한 만화경 속을 들여다보듯 오케스트라 연주가 알록달록하다. 사막의 저녁별이 화려하게 등장하고 고운 색들이 엉겨있는 페르시아 시장의 낮과 밤의 판타지다.

　사막을 지나 시장으로 들어서는 카라반의 낙타 방울 소리와 즐겁게 오가는 사람들의 시끄러운 모습이 음악이 되어, 오케스트라 단원들의 연주 소리가 망라하여 활기찬 모습이 보이더니 순식간에 소리가 조용해진다. 아름다운 공주와 군주 칼리프가 등장한다. 달콤한 로맨스가 이루어지고 시장은 평화로운 모습이 된다.

언제부터인지 평화롭고 화려한 시장을 상상으로 떠올리는 것은 잔인한 일이 되었다. 알록달록 고운 색이 사라지듯이 고운 사람들이 주검이 되어 사라진다. 이제는 역사의 뒤안길로 사라진 페르시아 시장을 고운 원색으로 상상할 수가 없다. 주검이 산을 만들어 땅 곳곳에 어두운 그림자의 검은색만 보인다.

예나 지금이나 물건을 흥정하며 주고받는 시장은 사람들의 사회활동이 시작되고 만남의 교류가 된다. 시장의 모습은 어떤 시대 어떤 자리에 형성되어 있어도 있는 그 자체가 판타지가 아닐까. 소품 하나라도 팔려고 한다면 사람과의 만남이 있고 대화가 생긴다. 둘을 팔려면 두 가지의 대화가 오가며 소통하게 된다. 다수의 물건이 있다면 다수의 사람이 있고 그 속에서 만나는 움직임 생각 등이 다채롭고 다양하게 움직인다. 재미있고, 속상하고, 불쌍하고, 행복한 모든 인간의 모습이 펼쳐지는 곳이기도 하다. 상대의 움직임에 따라 희로애락이 보이는 곳이다. 평화롭고 활기찬 시장에도 전쟁의 불씨가 있어 시장의 판타지가 사라지게 된다.

시장이란 단어가 점점 멀어지더니 마트나 백화점이 시장의 기능을 가진다. 필요한 물품들이 다 모여 있어 사람을 만나기보다 물건을 만나게 된다. 사람이 모여 만들어내던 시장 속의 판타지를 느낄 수 없어 야시장을 걸어본다. 밤의 느낌은 어떨까? 길거리에 흩어진 좌판을 돌아보는데 어디에서 들려오는 랩인지, 내가 즐겨듣던 음이 랩 소리에 묻혀 들려온다. 묘한 매력에 끌려서 가수가 누구인지도 모르던 날에 랩의 주인공을 찾으러 노래가 들리는 곳으로 간다.

〈페르시아 시장에서〉 멜로디를 전주에 넣고 어지럽게 랩을 뱉으며 노래하는 모습이 이국적이었다. 〈리쌍 블루스〉라는 제목의 노래를 가수 게리와 길, 정인이 부르고 있었다. 개성이 다른 남녀가수가 랩과 노래를 불러 분주하게 움직이는 시장의 모습을 이국적으로 묘사하고 있었다. 페르시아 시장의 색깔을 닮은 듯 붉은색의 분위기가 있다. 클래식 못지않게 만든 신세대 노래가 페르시아 시장에서 만나는 사람들을 떠올리게 하는 인상적인 랩과 노래였다. 생각지도 못한 인사동 골목시장에서 만난 '리쌍'의 음악이 다양한 물건과 작은 소품이 있는 좁은 거리와 잘 어우러진다. 거리를 걷다가 만난 코가 긴 사람, 중동에서 온 듯한 사람 등 다양한 모습이다. 터번을 씌우고 낙타를 이곳에 데리고 오면 페르시아 시장의 모습이 보일까. 어둑해질 무렵까지 걸으며 인사동 시장에서 판타지를 듣는다.

나는 우리나라가 가난하던 시절에 보았던 시골의 시장을 잊고 있었다.

유년에 아버지를 따라 큰집으로 가는 거리에서 만난 시장의 색은 화려하지 않았다. 상상 속 페르시아 시장과는 사뭇 다른 모습이었다. 대소쿠리에 상추, 깻잎, 호박잎, 고추 등을 담아놓은 길 위의 좌판이다. 양쪽으로 나란히 보이는 색은 온통 푸른색이었다. 어쩌다 보이는 단감이나 사과, 당근의 붉은색조차 많지 않아서일까. 붉은색의 과일이 몇 개 되지 않아 옅은 파스텔이다. 멀미가 심해 식욕을 느끼지 못하던 유년의 아이는 페르시아 시장의 진한 원색보다 연한 색깔이 마음에 들었는지, 멀미를 멈추게 하는 상추의 싱그러운 색과 냄새가 좋았다.

이방인들이 만들어내는 진한 색의 페르시아 시장, 그곳 판타지에 눈이 휘둥그레지는 아름다운 상상도 좋지만, 정작 아이에게 맞는 색은 울산의 작은 좌판의 연한 색깔이었지 싶다. 많지 않아 맑게 보이던 옅은 색깔의 시장에서 편안한 기분을 느끼던 아이는 선한 벗을 만난 듯 환하게 웃어 보이면 어느새 멀미가 사라진다.

유년에 심했던 나의 멀미는 항상 큰집에 가는 시외버스 속에서 시작되어 큰집 작은방에 드러누울 때까지 멈추지 않아 어른들의 걱정을 사기도 했다. 다행히 시장을 지나칠 때는 멀미가 가라앉기도 했다. 그 시절의 시장은 기름진 풍족함 없이 가난하여 담백한 느낌이었다. 내 유년의 판타지에는 담백함이 있었다. 그곳은 멀미가 사라진 고향의 시장이다. 무미건조한 표정인 시장 사람들의 잿빛 얼굴은 아이에겐 다정한 색이 되어있다. 지금도 좋아하는 색깔 중의 하나가 잿빛을 띤 회색이다. 말을 건네면 진한 사투리가 오가는 정이 가득한 장터도 아이의 고향이다. 큰어머니가 잘 아는 과일가게 할머니는 손을 잡으며 예쁘다고 토닥이며 덤으로 과일을 더 주기도 하여 큰집 다녀온 날엔 마음이 따듯해지곤 했다.

언제나 음악이 맴도는 유년의 아이에게 시장은 물건을 사고파는 것이 아닌 음악이 담긴 상상을 살 수 있는 판타지가 가득한 곳이었다. 아직도 나는 그 판타지를 사려고 시장을 찾는다.

아베마리아 주술

나는 어떤 종류의 음악이든 멜로디와 노랫말이 좋으면 따라 부르며 감상한다.

때론 기도하듯 간절한 마음이 없으면 부르기가 쉽지 않은 노래도 있다.

오래전에는 슈베르트 〈아베마리아〉를 부르던 팝가수의 소리에 매료되어 여기저기 찾아보기도 했다. 흑인의 특색인 R&B 창법으로 부르는 음색의 매력에 빠졌으나 흔하게 들리는 가수의 노래가 아니라 듣기가 쉽지 않았다. 어쩌다 라디오에서 들리면 아쉬워하는 마음이 깊었는데, 지금은 다양한 매체를 통해 쉬이 들을 수 있다.

〈아베마리아〉를 음악으로 만든 대표적인 작곡가는 구노, 슈베르트, 카치니 등이 있다. 장소와 시대를 초월하여 만든 악성들의 악보 속 아베마리아! 대명사는 어느 순간에 아이가 어머니를 부르듯 자연스러운 주문이 되어 노래한다.

구노의 〈아베마리아〉를 사람들은 바흐의 이름을 함께 넣어 말하기도 한다. 의아한 마음이 들었지만 구노 작곡의 〈아베마리아〉를 듣다가 바흐가 작곡한 프렐류드 1번을 반복해서 들어보면 알게 된다. 왜 바흐의 이름을 넣었는지를. 구노가 작곡한 〈아베마리아〉는, 전주와 반주 사이사이에 바흐의 짧은 기악곡이 매시업 되어 고요하게 흐른다. 예술가들이 가진 마음의 교류에는 따듯한 아름다움이 담겨있어서일까. 19세기 프랑스인 구노가 바흐를, 17세기 독일인 바흐가 구노를 따듯이 안고 있는 느낌이 든다. 이 곡에는 종교적인 경건함이 있고 바흐가 살던 바로크 시대의 클래식도 들리는 듯하여 신비스럽다.

특히 구노의 〈아베마리아〉에는 우리나라와 연관되는 세계사 속의 비극을 담은 슬픈 이야기가 있다. 지나간 얘기를 듣고 정말? 하며 우리의 역사를 뒤적여 보니 외국에서 교리를 알리러 온 선교사를 죽이는 부끄러운 사건도 있었다. 19세기 조선에서 쇄국정책을 펼치던 대원군이 나라를 좌지우지할 때 일어난 일이다. 조선 말기의 고루한 정치는 천주교 박해의 과정에서 외국서 온 신부를 시해하기도 했다.

그 당시, 유럽에서는 조선을 죽음의 땅이라고 두려워하여 이방인에겐 위험한 나라로 알려졌다고 한다. 위험을 무릅쓰고 조선에 천주교를 알리러 온 '마리 앵베르' 신부는 구노와 같이 음악 공부를 하던 동갑내기 친구였다. 함께 음악을 할 줄 알았던 친구는 신부가 되고 조선에서 포교하다가 시해를 당한다. 조선 땅에서 죽은 친구의 순교 소식을 듣고 애도하는 마음으로 작곡한 것이 구노의 〈아베마리아〉다. 노랫말이 성모를 찬양하는 기도문이어서 거룩한 느낌이 드는 구노의 〈아베마리아〉는 친구의 영혼을 위로하는 레퀴엠이 되어 슬픈 마음으로 듣게 된다. 여기에 죽은 친구를 기리는 슬픈 사연과 바흐가 작곡한 아름다운 멜로디가 함께 있어 고전의 감성이 더욱 탄탄하다.

음악을 만든 사람들은 시대와 상관없이 그들이 창조해 낸 음악 속에 인간의 고달픈 모습을 승화시켜 들려준다. 추하고 힘든 삶을 극복하려고 만들어진 음악 속에는 인간의 선하고 아름다운 마음을 끄집어내려고 고뇌한 음악가가 있다. 참회하는 인간의 모습을 그리려고 만든 음악이 여러 형태의 〈아베마리아〉로

탄생하지 않았을까.

카치니의 〈아베마리아〉는 듣는 순간에 멜로디나 노랫말의 개성이 도드라져 음악이라기보다 구원의 외침에 더 가깝다는 생각이 든다. 노랫말이 따로 없이 처음부터 줄곧 '아베마리아'만으로 이루어진 가사가 하늘로 솟아오를 듯이 반복한다. 성모님을 향한 기도가 소망을 호소하는 주문인 듯, 아베마리아는 하이 소프라노가 되어 부르짖듯이 노래한다. 절규에 가까운 느낌이다. 멜로디를 배제하고 노랫말만 들으면 주술을 하는 무속인의 모습이 그려진다.

불자들이 불경을 수지독송하면서 『다라니경』이나 『반야심경』 같은 경전 속에 있는 진언을 소리 내어 읊게 된다. 내가 주로 독송하는 '관음 진언'이 있다. 계속 '관세음보살'만 부르는 형상이 어쩌면 카치니의 아베마리아에 음을 실어서 노래 부르는 것과 같은 개념이 아닐까 생각하게 된다. 스님의 목탁 소리에 집중하면서 관세음보살을 큰소리로 읊으면 정수리에서 땀이 나고 어느덧 내 목소리가 소프라노에 가까워진다. 그 누구의 멜로디가 아닌 나만의 멜로디에 심취하여 소리로 진언한다.

돌아보면 나 또한 열심히 주술을 하는 나약한 인간의 모습으로 서 있다. 종교의 갈등으로 전쟁을 일으키게 되어 삶이 가난하고 어려워질 때, 간절한 소원을 주문이나 진언처럼 읊는 약한 인간의 모습은 어디에나 있다. 세상의 모든 아픔을 극복하고픈 마음이 간절해지면 〈아베마리아〉가 천상으로 향하는 노래가 되어 높이 드높이 오른다.

슈베르트의 〈아베마리아〉는 인간의 고달픈 모습이 노래에 담겨있다.

성모송이 아닌 가곡에 가깝다. 스코틀랜드 시인 월터 스코트의 서정시 「호수의 아가씨」가 노랫말이다. 호수의 작은 섬에 은거 중인 아버지와 연인의 목숨을 살리려고 성모께 간절한 기도를 올린다. 낮은 곳에 꿇어앉아 마리아 어머니에게 간절히 기도한다. 이 곡에는 인간의 절박한 마음이 들어있다. 가난과 병마에 시달리던 스물여덟 청년 시절의 슈베르트가 자신의 아픔을 악보 속에 그려 넣은 곡이 〈아베마리아〉다. 아픔을 극복하려던 슈베르트는 음악으로 기도하였을까. 그의 삶은 가난해서 고달프고, 몸이 아파 힘들었을 것이리라. 그의 삶은 음악을 사랑하는 모든 사람의 눈시울을 적시게 한다. 슈베르트와 월터 스코트 두 예술가가 만든 〈아베마리아〉는 대중에게 따듯한 영향을 주어 누구나 즐겨 부르게 만들어진 곡이다. 피아노의 시작으로 펼쳐지는 슈베르트의 곡은 누구에게든 사람의 마음을 사랑스럽게 전하기에 다양한 장소에서 노래한다. 성악가 조수미처럼.

파리에서 공연하던 중에 임종한 아버지를 위해 슈베르트의 〈아베마리아〉를 부르던 소프라노 조수미는 고운 딸의 모습으로 충분히 빛이 났다. 아름다운 소프라노를 가진 자신의 목소리로 노래하여 효도하는 기회가 아무에게나 있지 않다는 것이 나는 몹시 부러웠다.

수많은 작곡가가 곡을 붙인 〈아베마리아〉는 노래로 연주로 많이 남아있다. 유명한 성악가들이 불러서 널리 알려졌으나, 대중가수가 불러서 친숙한 느낌이 들었던 것은 슈베르트가 작곡한 〈아베마리아〉다. 파바로티, 보첼리 등이 불렀으나, 듣는 순간 매력을 느낀 가수는 흑인이었다. 자기만의 개성으로 노래 부르던 미국 뉴올리언즈 태생의 R&B 가수 '아론 네이빌'의 소리를 듣는 순간 나도 모르게 빠져들었다. 나의 두근거림은 노래가 시작되고 끝이 났는데도 이어져 흑인 가수의 소울이 한 서린 듯, 주문처럼 들린다. 아프리카 흑인들이 모이면 춤추고 노래하는 모습이 색다르다는 것을 알면서 나는 〈아베마리아〉를 노래하는 아론 네이빌의 음색과 창법에 매력을 느껴 자주 듣게 된다. 권투선수 같은 모습의 아론 네이빌! 어떻게 저런 거친 모습으로 곱고 매력적인 소리가 날까. 하긴 사람의 목소리도 훌륭한 악기가 될 수 있으니까. 팝가수의 독특한 개성이 마술을 부리는 듯, 떨림의 기교가 한 몫이 되어 듣는 사람을 설레게 한다. 앞으로 그 누구도 아론 네이빌보다 더 슈베르트의 〈아베마리아〉를 멋있게 부를 가수는 없을 것 같다. 많은 흑역사가 숨겨져 있는 아프리카 흑인들의 서러운 노래가 주술이 되어 소리로 풀어나가고 있는지도 모른다는 생각이 들었다.

구노의 〈아베마리아〉가 바흐의 프렐류드 주술로 이어졌다면, 카치니는 성모님의 이름인 '아베마리아'가 주술이 되고, 슈베르트의 〈아베마리아〉는 흑인 가수의 떨림이 주술이 되어 노래한다.

〈아베마리아〉를 기도하듯 간절하게 노래하면 누구에게나 주술이 될 수 있을까.

이별의 노래

사찰 일주문에서 천왕문에 이르는 전나무 숲길은 장관이다.

전나무가 터널을 이룬 길 아래로 드문드문 보이는 산죽(山竹)은 이 길이 올곧은 길임을 느끼게 하고 나는 전나무와 대나무가 어우러진 곳에서 발을 멈춘다. 발이 멈춘 이곳은 오래전부터 걸어보고 싶었던 길이다.

빗소리가 소소하게 들리는 길 위에서 오래전에 나와 멀어진 또 다른 길을 떠올리며 노래를 부른다. 음악이 좋아서 가려던 젊은 날에 만났던 길은 아주 먼 곳으로 가버리고, 이제는 현모가 되고 양처가 되는 길을 가고 있다. 결코 쉬운 길이 아니지만 내가 선택한 벗어나지 않는 정도의 길이 되리라.

길을 가고 오는 사람들의 교차는 만나는 것이 아닌 오로지 이별하는 모습뿐이다.

　산천에 눈이 쌓인 어느 날 밤에
　촛불을 밝혀두고 홀로 울리라
　아~ 아~ 너도 가고 나도 가야지

　시인 박목월 선생이 노랫말을, 원로 작곡가 김성태 선생이 곡을 쓴 〈이별의 노래〉. 3절 가사가 애달프게 좋아 노래를 부르다가 시인의 숨겨진 사랑 이야기를 내 것인 양, 가슴에 담아보려 처음 절부터 다시 불러본다.
　시인과 작곡가의 만남이 이렇게 절묘할 수가!
　동서고금을 막론하고 모든 예술작품 속에는 사랑과 아름다움, 이별과 슬픔의 가슴 아픈 사연이 조화롭게 담겨있다. 아픈 마음을 승화시키는 순간들이 이루어낸 결실을 바라보며 가지 못한 길에 미련이 남아 생각이 미혹 속으로 빠져든다. 만약 그 길로 갔었다면 원했던 것이 이루어졌을까? 지금 내가 사랑하는 사람들은….
　공연한 슬픔이 일면서 인내하며 살아온 시인의 아내를 생각해본다. 시인의 아내가 훌륭하다는 생각은 연륜에서 생긴 마음자리일까.

오래전에 시인의 아내는, 사랑하던 여대생과 도피해서 제주도로 떠난 남편을 찾아 한복과 생활비를 건네주고 돌아온다. 시인이 쓴 노랫말 "촛불을 밝혀두고 홀로 울리라."라는 의미는 어쩌면 시인이 아닌 그 아내의 마음을 나타낸 것일지도 모르겠다.

전나무가 마주 보는 길은 아름답게 이어지고 있으나 생각은 꽃이 되어 일순 피었다가 지고. 나는 가고 싶었던 길의 사라짐이 못내 아쉬워 그곳을 바라보지만 이내 그 아쉬움까지 놓아버리고 길을 걷는다.

대웅전 문살의 아름다움을 찾으며 관음전에서 기도 올리러 내소사로 가는 길이다. 안내하였던 시인의 아내가 걸었던 올곧은 길을 따라 걸으며 남자에게 향해있는 여자라는 개념이 외롭고 가련한 사념으로 이어진다.

미국의 인류학자이며 소설가인 '엘리자베스 마셜토마스'는 래드클리프 여자대학교를 나온 적확한 여자이다. 내가 왜 그녀가 여자임을 강조하는지 의문이 들기도 하겠지만 그녀가 여자이기에 여성의 삶을 쓴 『세상의 모든 딸들』이라는 소설을 얘기하고 싶어서이다.

 태곳적부터의 여자의 삶을 픽션으로 쓰면서도 작가의 말은 "사람은 이렇게 살고 이렇게 죽는 거란다. 세상의 모든 딸이 나처럼 이렇게 살았어. 호랑이를 따르는 까마귀처럼, 남편을 따르고 아이를 낳고 그렇게 사는 법이란다." 숨이 끊어지면서도 이어지는 어머니의 말은 딸을 향하고 있었다.

 지금 세대의 딸들에게 이런 말을 하면 이해하기 어려워 손사래 치겠지. 하나 〈이별의 노래〉를 지을 때도 태곳적부터 내려오던 고루한 여성 관념이 유지되고 있어 시인의 아내는 그런 상황이 힘들어도 받아들였으리라.

 소소하게 내리는 비가 먼지를 가라앉히며 모든 것을 용서하고 포용한다. 싸우고 빼앗아 차지하는 것만이 다반사가 아님을 알게 된다.

 우아하게 올라선 전나무 숲길에서 관조하는 마음을 담고 〈이별의 노래〉를 부른다.

첼로와 피리

 바흐의 〈무반주 조곡〉을 연주하던 노신사. 첼로연주자 로스트로포비치였다.
 음악가가 연주하는 것이 당연히 큰 화젯거리는 아니었으나, 연주하는 시점과 장소가 주는 의미에 연주의 감동이 배를 더하였기에 아직도 잊히지 않는다.
 동독과 서독이 화합하던 1989년 11월 9일은 베를린 장벽이 무너지고 둘이 아닌 하나의 독일이 새롭게 태어나던 날이었다.
 나는 20세기 세계사의 여러 사건 가운데 가장 기억에 남는 것이 무엇이었냐고 묻는다면 독일이 통일되던 날, 그곳 베를린 장벽 앞에서 로스트로포비치가 즉흥연주를 펼친 일이었다고 말하고 싶다. 화해의 즐거움을 홀로 연주하던 그 날의 연주자는 젊은 시절 자신이 태어난 곳을 떠나야만 하는 시련을 겪었다. 그는 그 기억을 떠올리며 아픔의 메시지를 음악에 담아 고향으로 보내고 싶었는지. 불신의 벽을 허물고 평화롭게 만나는 사람들의 모습을 바라보며 첼로를 연주하던 대가는 자신이 하는 일이 후대의 사람들에게 어떻게 전해지기를 바랐을까. 바흐의 곡을 연주하며 무슨 생각을 하였을까.

『삼국유사』「기이(紀異)」 1편 첫머리는 "대체로 옛날 성인은 예절과 음악을 가지고 나라를 세웠고 인과 의를 가지고 백성들을 가르쳤다."라는 글로 시작된다.

음악을 가지고 나라를 세운다는 뜻이 의아한 생각이 들었으나, 소리로써 안온함과 평화를 느낀다면 그곳에 백성이 저절로 생겨나고 그래서 자연스럽게 나라가 만들어지리라. 나는 선조들의 역사 이야기를 더듬어 보기로 했다.

세종대왕 시절, 동양음악에서 십이율의 첫째 음인 '황종음'을 찾고 이를 바탕으로 도량형을 통일했던 세종에게 음악을 세우는 것이, 곧 국가의 표준을 세우는 일이기도 했었다. 『세종실록』을 보면 조선의 어지러운 정세를 음악으로 세우려 했던 세종대왕의 고뇌를 엿볼 수 있다.

중국 황실의 음인 '아악'을 우리의 선율로 만들었으나 우리의 음인 '향악'과 갑론을박 논쟁을 벌이는 신하들을 뒤로하고, 세종이 직접 막대기로 땅을 두드리면서 박자를 맞추어 우리글 훈민정음으로 서사와 악장이 담긴 <용비어천가>를 만들었다. 이렇듯 음악으로 업적을 남긴 세종이 3대에 걸친 선조들의 부끄러운 모습을 합리화하려 했다는 등 여러 설이 난무하였으나, 오로지 소리로 백성을 달래고 음악으로 나라를 바로 세우려 한 것은 분명한 사실이다.

『삼국유사』 속에 담긴 이야기도 모두 예사롭지 않다. 소리를 상서로운 징조로 여기며 피리 소리 하나로 천하를 다스리게 하리라는 문무대왕은 죽어서도 나라의 평안을 바라며 김유신과 함께 대나무피리를 만들게 하였다.

'만파식적' 둘이 하나가 되었다는 피리는 과연 어떤 소리를 담고 있었을까?

선조들이 나라의 평안을 위해 들려주는 만파식적 이야기는 후대에 서 있는 내겐 따사로운 전설처럼 들린다. 낮에는 둘이, 밤엔 하나가 되는 대나무가 가진 곧은 성품이 고운 피리 소리가 되어 적을 물리친다니 상상만으로도 즐겁다.

피리를 불면 적병이 물러가고, 병이 나으며, 가뭄에는 비가 오고, 장마가 지면 날이 개고, 바람이 멎고, 파도가 잠잠해졌다는 이야기는 동심의 마음처럼 고운 소리 하나에 모두가 좋아지는 순수한 마음이 있음이리라.

죽어 혼이 되어서도 나라 걱정에 대나무피리를 전해주던 문무대왕과 김유신. 어지러운 민심을 달래려 손수 음악을 만들었던 세종대왕, 그들의 마음이 시간과 공간을 초월하던 날, 베를린 장벽 앞에서 첼로를 연주하던 노장 로스트로포비치의 모습 속에 담겨있음을 보았다.

피리도 첼로도 시공이 없이 오롯이 평화를 연주한다. 내게도 곧 들릴 것만 같은 소리에 귀 기울여본다.

남과 북이 하나가 되는 만파식적의 신비로운 소리에.

피아니스트

평화로운 하루의 시작이다.

나는 커피를 내리고 빵에 잼을 바르다가 손가락 끝에 떨어진 잼을 빨아 먹는다.

느닷없이 떠오르는 눈동자! '스필만'이라는 이름을 가진 피아니스트의 눈이다. 처절하고 가여운 눈빛의 남자는 유대인이며, 1939년 폴란드 라디오방송을 위해 피아노를 연주하던 곳에 폭탄이 떨어지고, 고향 바르샤바가 폐허가 되어버린 후부터 그의 삶이 달라진다. 평화롭던 도시의 모습은 사라지고 가족이 뿔뿔이 흩어진 후, 갈 곳이 막막한 그는 숨을 곳을 찾다가 자신을 도와줄 수 있을 누군가를 찾아다니며 이곳저곳을 헤맨다. 홀로코스트의 비극을 예견하지 못하던 남자는 유대인이라는 이유로

암울한 삶을 견디며 아득한 길을 걷는다.

2차대전 당시에 있었던 실화를, 영화로 풀어낸 폴란드 태생 로만스키 감독의 〈피아니스트〉는 선행을 모르는 인간의 만행이 어디까지 갈지를 모르고 살았던 시절, 피아노 연주로 쇼팽을 구가하던 피아니스트의 이야기다.

자신의 삶이 죽음과 맞닥뜨릴 줄, 생각조차 하지 못했던 남자는 지나친 굶주림 때문에 예술혼마저 사라지고, 숨은 쉰다는 것이 하루의 기적이 되었다. 그의 나라 폴란드와 그가 사랑하는 쇼팽의 음악들을 마음껏 펼 수 없는 그에게 피아노는 사치스러운 물건이 되어버리고, 숨어다니며 빵을 찾아야만 했다. 굶주림과 두려움이 언제까지가 될지 모르는 절망 속에서 얼마나 더 견딜 수 있을까. 쇼팽의 〈녹턴〉을 연주해 본 지가 언제였던가.

스필만의 눈에서 피아노를 치며 즐거워하던 날들이 허상처럼 사라지고 있다.

추위 속에서 헤매다가 폐가를 발견하고 눈에 띄지 않는 어두운 곳을 찾는다. 덩그러니 피아노가 한쪽 구석을 차지하고 있다. 견디기 힘든 배고픔에 먹을 것을 찾아다니는 그에게 피아노는 퇴물처럼 보이고, 흙먼지를 뒤집어쓴 걸인이 거울에 비친다.

처참한 자신의 모습조차 두려워지는 그때 독일군과 마주친다. 순간 굳어 버린 스필만에게 누구냐고 물어오는 사람을 향해 피아니스트라고 말해버린다.

독일군 장교 호센펠드가 유대인 스필만에게 피아노를 쳐보라고 한다. 추위에 손가락이 굳어 버리고 굶주림이 깊어 감성조차 식어버린 그에게 피아노를 치라니, 거절할 수 없는 두려움 속에서 스필만이 건반 앞에 앉는다. 폐허 속에서 피아노 소리가 서늘하게 흐른다. 피아노를 치는 손의 영혼이 다시 살아났는지, 손가락의 떨림에도 그의 연주는 어둑한 곳에서 가녀린 빛으로 다가온다. 흐느적거리는 슬픈 멜로디는 쇼팽의 〈발라드〉다. 숨막히는 침묵 속에서 연주를 듣고 있는 독일인의 눈을 바라보며 조용히 그에게 자비가 있기를 기원해 본다.

톨스토이의 단편에서 보았던 것처럼. 구두장이 아내가 헐벗고 굶주린 미하일에게 자비를 베풀고 먹을 것을 주듯이 기적 같은 일이 일어나기를 기다린다.

스필만이 톨스토이 작품 속 천사 미하일처럼 환하게 웃음을 지을 수 있다면, 인간의 자비와 사랑이 사람을 살릴 수 있다는 것을 독일인 호센펠드는 알고 있었을까.

선한 눈을 가진 독일군 장교는 몇 마디 말을 중얼거리다가 사라진다. 얼마 후 호센펠드는 빵과 잼이 들은 봉투를 건네주며 일주일만 더 기다리라고 한다. 허겁지겁 손끝으로 잼을 찍어 먹으며 떨리는 손으로 연주하는 예술가의 굶주림이 몹시 서글프게 다가왔다.

나는 오래전에 톨스토이의 책을 읽고 난 후. 선한 마음과 사랑의 마음만 있으면 다 괜찮다고 그때는 그렇게 생각했다. 그 누구에게도 인간관계를 가늠하며 저울질하는 마음이 필요치 않을 것이라 여겼다. 하긴 지금도 나는 그렇다.

그러나 헛된 이념과 욕망을 품고 있는 사람이 주위에 도사리고서 많은 사람을 위험 속에 빠트린다는 것을 알고부터 사람이 두렵기도 하다. 인간의 잘못된 역사가 서 있던, 잔혹하고 비참한 전쟁이 있었던 그곳을 돌아보는 사람이 얼마나 될까. 전쟁이 끝이 난 후에 모두의 마음속에 깊은 회한과 깨달음이 있었을까. 나는 그들의 마음을 알 수는 없지만 잘못된 일들이 반복될까 염려스럽다. 인간이 저지른 악행을 바라보며 반면교사를 교훈처럼 받아들인다면 누구에게나 자비를 베풀지 않을까.

크나큰 비극을 초래한 홀로코스트는 인간혐오의 마음이 어디가 한계인지, 용서나 자비가 없이 혐오라는 마음이 인간에게서 사라지지 않는다면 타인의 생명까지 경시하는 일이 되풀이되지 않을까 두려운 마음이 든다. 자유를 마음껏 펼치며 살아가야 할 인간의 권리를 통제하고 억압하는 행위를 하는 사람이 톨스토이의 한마디에 귀를 기울여준다면 좋은 세상이 되리라 생각해 본다.

「사람은 무엇으로 사는가」 톨스토이가 던진 메시지가 영화 〈피아니스트〉에 담겨있다. 쇼팽의 곡을 연주하는 모습을 바라보던 호센펠드의 눈에 가득한 자비와 사랑이 말하고 있었다. 사람을 사랑하는 일이, 독일군과 유대인이 함께한 폐가 안에 있었으니 그래서 사람이 사는 세상이 비록 폐허가 되어버려도 아름다웠다.

영화 속의 스펠만이 실제로 살아남아 독일인 호센펠드의 선행을 세상에 알리니 또 다른 선행이 여기저기에서 들려오고, 그래서 살아남은 유대인들로 인해 독일인 호센펠드가 '의인'이라는 칭호를 받았다고 한다.

톨스토이를 다시 만나려고 책장을 뒤적이며 옛 고전을 찾는다. 선행이 될 만한 고전의 가치를 수많은 젊은이에게 알려서 스스로 일깨워 주기를 바라는 마음이다. 사람을 사랑하게 하는 한마디를 세상의 아이들에게 들려주고 싶다. 생존이 인간의 본능이라면 혐오는 본능이 아니라 만들어지는 것이기에 누구나 혐오감을 느끼려는 마음을 잘 다스릴 수 있어야 한다고. 고전 속에 담긴 톨스토이의 한마디를 떠올리며, 사람을 바라보는 눈이 자비와 사랑만이 가득하다면 평화로운 세상이 되지 싶다.

역사를 만들어가는 것은 우리 인간이다. 또한 역사나 예술, 종교 등 모든 것이 가리키는 곳, 또한 사람이라는 생각이 든다. 톨스토이의 책들이 지금까지 좋은 고전으로 읽히며 으뜸이 된 것은, 책 속의 사람들이 자비와 사랑의 선험을 나누는 모습을 보여주기에 오랫동안 회자가 되는 고전이 아닐까.

떨리는 손으로 연주하는 열정을 가진 피아니스트가 잼을 손가락으로 찍어 먹으며 행복을 느끼는 것도 인간만이 겪는 아픔이지 싶다.

프라하의 봄

나뭇가지 위의 상고대가 투명하게 빛나는 아름다운 겨울날이 멀어진다.

맑은 순백의 겨울이 어수선한 다종의 바이러스를 함께 가지고 가 주기를 기다려본다. 아직도 팬데믹의 두려움이 스멀거리며 뇌리를 괴롭히고 있으나, 이제 두어 달 남짓 지내면 만나는 희망찬 봄을 기다린다.

〈봄이 오면〉, 〈봄 처녀〉, 〈동무 생각〉 스트라우스의 〈봄의 소리〉 등 봄의 시작을 알리는 수많은 멜로디가 귓전에 들려오는 듯하다.

봄이 시작될 즈음이면 나는 상상으로 여행을 떠난다.

체코 국민음악의 아버지 스메타나가 작곡한 교향시가, 해마다 오월에 연주되는 음악제가 있는 곳이다. '몰다우'라는 표제가 붙어있는 연주곡이 잘 어우러지는 프라하라는 도시가 가진 숨겨진 비경과 그 나라의 역사를 알게 되면서 우리나라와 비슷한 느낌을 받았다. 무척이나 가고 싶은 곳이다.

신화 같은 아름다운 왕국에서 이웃 나라의 침략으로 암울한 시기에 독립을 위해 싸운 나라다. 많은 침략을 받고 극복한 것에 동질감을 느끼기도 한다.

억압된 환경을 극복하며 체코의 상징이 된 교향시 〈나의 조국〉을 작곡한 스메타나의 음악을 들으며 나래를 펼쳐본다. 해마다 5월이 되면 '프라하의 봄'을 주제로 음악제가 열리는 도시의 모습은 어떤 정경을 가지고 있을까.

자신의 조국을 위해 스메타나가 작곡한 6악장으로 된 교향시를 헌정한 도시 프라하에서 시(詩)처럼 들리는 음악 축제는 그냥 음악만 흐르는 곳이 아닌, 나라 사랑의 마음이 함께 흐르는 곳이다. 체코라는 나라가 아름답다는 생각이 든다. 나라를 위하는 마음을 가지고 아름다운 교향시를 작곡한 스메타나를 품고 고난의 역사를 잘 이겨냈으며, 우리나라처럼 남의 나라를 침략하지 않는 선한 사람들의 나라이기에.

스메타나가 작곡한 〈나의 조국〉은 교향시로 연주된다. 표제가 시가 되어있는 유일하게 만들어진 관현악곡이다. 연작 교향시로 만들어진 교향곡은 체코사람들에게는 웅장하고 아름다운 국민음악이라 일컫는다.

체코사람들은 〈나의 조국〉을 작곡한 스메타나와 〈신세계교향곡〉을 작곡한 드보르자크를 비교해서 말하기를 좋아한다. 드보르자크를 좋아하는 사람은 예술가이고 스메타나를 좋아하는 사람은 애국자라는 말이 전해져 온다.

하나의 부제가 있는 멜로디나 제목 모두가 신화처럼 들리는 교향시 〈나의 조국〉은 그 민족의 자랑거리이기도 하다. 6곡 중에서도 가장 많은 사람이 좋아하는 〈몰다우〉는 두 번째로 만든 곡으로 자연에 담긴 신화를 멜로디로 그리고 있다.

〈몰다우〉를 들으면 자신도 모르게 몰입되는 곳이 보인다. 고향의 나무와 산, 강, 풀과 벌레가 떠오르는 시골의 아름다움 속에 빠져들어 강이 물줄기를 따라 흐르는 모습이 눈앞에서 펼쳐진다. 체코 필하모니의 〈몰다우〉 연주를 들으며 나는 커피를 마신다.

오래전 『삼국유사』에서 있었던 신비스러운 신화를, 동양이 아년 서양에서 그림으로 보고 음악으로 듣고 싶던 마음이 나를 동유럽으로 향하게 한다. <몰다우>를 듣고 있으면 바닷가에 인접한 나의 어린 시절이 고스란히 떠오른다. 이은상 곡 <가고파> 속에 담긴 가사를 음미하면서 프라하를 관통하며 흐르는 몰다우강의 아름다움을 상상하며, 유년에 보냈던 내 고향 바닷가를 떠올린다.

우리나라에도 한국의 슈베르트라 불러도 손색이 없는 가곡의 왕이 있다. 오래전부터 즐겨 부르던 가곡을 들여다보면 거의 다 김동진 선생이 남긴 가곡이다. 소월의 시를 필두로 시인들이 남긴 자연의 풍광을 가득 실어서 가곡을 작곡하였다. 많은 시 구절을 넣어서일까. 우리의 산촌과 강과 나무들의 모습이 고스란히 담겨 있는 가곡이다. 아름다운 서정을 실어 노래를 만들었던 김동진 선생에게도 스메타나 못지않은, 나라 사랑의 마음이 담겨 있었음을 잊고 있었다.

나는 <가고파>를 작곡한 김동진 선생의 우리 가곡을 하나씩 되짚어본다.

김동명의 시를 노래한 <내 마음>, <수선화> 등이 있다. 그 외 <목련화> 소월 시가 노래로 된 <못 잊어>, <진달래꽃>

등, 민족의 정서를 가곡으로 작곡한 김동진 선생을 떠올리며 우리에게도 국민음악을 만들어 준 좋은 음악가가 있다며, 고마운 마음을 잊지 않으려 나는 우리의 가곡을 열심히 노래한다.

스메타나의 〈몰다우〉를 들으며 느끼던 친밀감은 어디서 왔을까. 그 곡의 흐름 속에 나의 유년을 떠올리는 바다가 있고 〈가고파〉라는 가곡이 있어서지 싶다. 눈을 감고 〈몰다우〉를 들으면서 상상하는 곳에서 동서양을 품은 묘한 기분이 일어난다.

쉽게 가리라 생각하던 여행이 쉬이 가지 못하게 되니 더욱 그리워지는 곳이 '프라하의 봄' 5월 음악제이다.

멈추어진 시간을 기다리지 말고, 올해는 '김동진' 가곡을 모아 5월의 축제를 하자.

가곡 〈수선화〉를 시작으로 나만의 음악제를 만들어 보아야겠다.

노예들의 합창

가라, 그리움이여 금빛 날개를 타고….

히브리 유대인이 부르는 〈노예들의 합창〉은 디아스포라의 노래다.

2000년 동안 자신들이 태어난 곳을 떠나 떠돌며 살아온 유랑민족의 이야기를 작곡가 베르디가 오페라로 만들었다. 오페라 〈나부코〉는 잘 알려지지 않아도 3막에 나오는 〈노예들의 합창〉 아리아는 널리 회자되어 부른다. 바빌론 강가에서 디아스포라가 된 히브리인들이 자신이 태어난 축복의 땅을 그리워하며 노래한다.

생경한 곳을 배경으로 서서 합창하는 아리아를 들은 날, 정적을 깨고 들리는 소리에는 움직임이 보이지 않았다. 느낌이 서늘하다. 여태 들어 보지 못한 소리를 뉴욕 메트로폴리탄 오페라단이 포커페이스의 모습으로 들려준다.

커다란 액자 속에서 한 폭의 그림이 되어 돌계단에서 합창하는 사람들의 표정에는 변화가 없다. 들리는 노랫소리에는 눈물이 가득하다. 히브리 노예의 모습으로 분장을 하고 조용히 노래를 부르는 단원들의 표정은 고단한 삶에 지친 절망과 고향을 그리워하는 모습이다. 잘 연출되어 노래 부르는 그들의 표정과 소리를 놓치지 않으려고 귀를 기울인다. 신기하게도 노예들이 부르는 합창은 속이 훤히 들여다보이는 맑은 물처럼 투명하여 천상의 소리처럼 들린다. 고난을 이겨내고 서러움을 잘 참아온 인고의 모습이 노예가 아닌 천사의 모습이다. 갈 곳이 없어 헤매던 불쌍한 민족이 보이지 않는 거룩한 힘을 가지고 노래하는 것 같아 나도 모르게 빠져든다.

많은 합창곡과 아리아를 들었지만 '제임스 레바인'이 지휘하는 뉴욕 메트로폴리탄 오페라 단원의 모습은 압권이었다. 반복되는 멜로디는 계속 들어도 싫증이 나지 않는 하모니다. 화음으로 하나의 소리가 된 합창곡은 소프라노나 베이스가 드러나지 않아도, 소리를 내려고 애써 힘을 모으지 않아도 멜로디가 자연스럽다. 단원들이 각자의 파트를 벗어나지 않은 소리가 다 절대적이어서 그저 허밍 하나로 곡의 느낌을 즐기기에 충분하다.

이탈리아 작곡가 베르디는 당시 오스트리아에 의해 식민 지배를 당하고 있던 이탈리아 상황에 빗대어 노래로 담아내려 하였다고 한다. 암울한 현실에 처한 이탈리아 자국인의 마음을 하나로 묶어 독립을 향한 열망을 표출하려는 의도도 엿보인다. 나는 〈노예들의 합창〉을 들으면서 우리 민족에게도 있었던 고난을 생각해본다. 일제의 압박과 공산당의 잔인함에서 벗어나려고 태어난 땅을 떠난 내 선조들의 아픔은 오죽했을까. 역사의 오류를 되풀이하는 인간의 어리석음을 보며, 인간의 욕망은 왜 끝이 없을까. 잠시 눈을 감고 아직도 욕심을 버리지 못하는 위정자들의 말로를 떠올린다.

인간이 가진 욕망은 평화로운 땅으로 쳐들어가 전쟁을 일으키고 수많은 사람을 세상의 벼랑 끝으로 흩어지게 한다. 건강한 사람을 노예로 만들어 죽음으로 희생시키는 오래전 역사의 비극이 지금도 끝나지 않아 세계 곳곳이 아프고 멍들어 있다.

아직도 디아스포라가 되어 떠도는 민족이 있어 끝나지 않는 인간의 시련을 선한 종교의 거대한 물결이 도움이 되기를 바라는 것이 헛된 바람일까.

다행히도 고달픈 우리의 삶이 지나가는 길에서 만나는 베르디의 음악이 평화를 사랑하는 사람과 모든 예술을 사랑하는 사람들을 잠시나마 행복을 주고, 희망의 빛을 줄 수 있다는 생각이 든다. 아름다운 멜로디 속에 인간사의 아픔을 담고 더 나아가 인간의 욕망을 잠재우게 하는 베르디는 음을 창조하는 것이 아니라 사람의 마음을 다스리게 하려는 힘을 가지고 있는 듯하다.

베르디의 오페라에는 인간의 욕망, 사랑 등 희로애락이 다양하게 그려져 있다. 그래서일까? 격동적으로 부르는 아리아가 많다는 생각이다. 작곡가는 인간만이 누리는 다양하고 화려한 모습을 오페라 속 주인공의 모습을 통해 그려내어 많은 즐거움을 주려 하였으나 사람의 삶에는 생각지도 못한 비극이 생겨나기도 한다.

베르디 또한 비극을 비켜 가지 못하여 아내와 자식을 잃고 삶을 포기하려 할 때가 있었다. 그때 도움을 주었던 스칼라좌 감독이 〈나부코〉 대본을 베르디의 주머니에 찔러넣어 보게 된

대본 속 〈노예들의 합창〉을 쓴 구절이 베르디의 눈길을 끌어 상상력에 불을 지피게 한다. 그곳에서 디아스포라의 비극은 아름다운 멜로디가 되고 절망에 빠진 베르디를 다시 일으킨 것이 노예들이 부르는 합창이었다.

인간의 어리석은 욕망이 선한 종교나 음악의 힘으로 극복이 되기를 희망한다.

베르디도 자신이 만든 음악으로 선한 영향력이 사람들에게 이어지기를 바란 것이 아니었을까.

3.
뽀요요와 '브람스'

    나에게 브람스는 어떤 마을보다도 더 넓고 크게 보인다. 클라라의 자녀를 사랑하며 육아를 도와주었다는 것을 알고 있기에. 이제 막 걷고 뛰려 하는 손자를 재울 때는 손녀 재울 때 실패한 브람스의 자장가를 다시 불러본다.
    브람스가 있고 뽀요요가 있어서 나는 아이의 눈을 맞추고 즐겁게 노래한다.

뽀요요와 '브람스'
'그대'의 뉘앙스를 아시나요?
가로수 아래의 진상 보기
감성의 온도
그 파란 물 눈에 보이네
꿈이었으면
나비의 작은 날갯짓은
다복솔의 노래
라일락 나무 아래에서
본디 그대로
봄이 그냥 가버리네
부끄러움의 부재
아! 러시아

뽀요요와 '브람스'

혀도 잘 돌아가지 않는 손녀의 우상은 '뽀요요'다.

'뽀ㄹㄹ'로 이어지는 'ㄹ'의 발음이 서툰 아이는 눈만 뜨면 그 캐릭터와 생활한다. 장난감은 물론이고 숟가락, 젓가락, 물컵, 신발, 과자 등등. 심지어 아이가 부르는 노래 가사에도 등장한다.

잠이 오면 칭얼대는 손녀는, 등 뒤에 업혀서 내가 부르는 모든 동요를 섭렵하며 감상한다. 아마 동요를 비롯한 노래 가짓수를 세어보면 100곡 정도 될까? 아이의 잠을 유도해 보지만 에너지가 충만한 손녀는 동요가 즐겁기만 한지, 지친 할미를 느끼지 못하고 말똥말똥한 눈으로 방긋거린다. 나는 계획을 수정하고 마무리로 브람스의 자장가를 부르며 최면을 걸어 아이의 잠을 끌어낸다. 스르르 잠들게 하려는 계획을 실행한다. 고요히 곱게 부르면 잠을 자리라는 생각에 자장가를 속삭이듯 부르며,

낭만주의 시대에 살던 독일사람 브람스의 사랑을 그려본다.

　스승의 아내 클라라를 연모하여 일생을 사랑하는 여인과 그 가족을 위해 헌신한 브람스의 사랑은 여지없이 플라토닉러브이지 싶다. 20세 청년이 64세가 될 때까지 어쩌면 한결같은 마음으로 한 여인만을 사랑할 수가 있을까. 생각에 심취해서 그야말로 천상의 목소리로 자장가를 부르는데, 느닷없이 뽀요요 주제가가 등 뒤에서 들린다. 손녀를 잠재우려던 계획이 어긋나 버리고, 나의 우상인 브람스가 뽀요요를 이기지 못했다. 자장가의 가사도 음도 익숙지 않은데 재미없는 조용한 클래식 분위기가 되레 손녀의 잠을 깨웠나 보다. 난감해진 나는 아이의 노래를 따라 부른다.

　저만치 긴 능선을 타고 오르며 내리는 청춘들의 길을 보면 결혼하고 아이 낳고 살아가는 젊은 부부의 발걸음이 보인다. 능선의 중앙에 서서 육아하는 엄마와 아빠의 모습을 보니 녹록지 않다. 에너지 넘치는 아이들은 잠시 잠깐을 가만히 있지 않는다. 엄마와 아빠는 아이의 눈높이에 맞추어 함께 소리를 지르며 춤을 추어야 하는 상태가 이어지고 그렇게 육아는 힘겹게 흐른다.

세태가 바뀌고 삶의 형태가 바뀌어 아이 기르는 일이 옛날과 비교가 안 될 정도이긴 하나, 예나 지금이나 육아는 아이의 어미와 아비가 하는 것이 최선이다. 이 상황은 변함없는 당연한 진리이다. 언제나 육아의 중심엔 부모가 있어야 함은 당연하지만 그렇지 못한 것이 오늘날의 현상이다.

  젊은 부부의 삶을 들여다보면 아이를 낳고 잘 키우고 싶은데 그 소소함마저도 혼자 힘으로 쉽지 않다. 단순노동처럼 밥 잘 먹이고, 똥 잘 싸고, 목욕시키고, 잠을 잘 재우면 되는데 그 단순한 일이 왜 그렇게 지치게 하는지 쉽게 끝나지 않는 육아는 지금을 살아가는 우리 젊은이들 모두의 사회문제로 대두된다.

  특별함 없이 평범하게 남들이 하는 만큼만 해주려고 하는 육아도 많은 것이 필요하다. 함께 책을 읽으며 뛰어놀아야 하는 시간과 공간이 필요하고, 아이의 건강과 발육을 위해 잘 먹여야 하니 아이 하나 키우는 데 마을 하나가 필요하다는 말이 예사롭게 들리지 않는다.

  마을까지는 아니어도 조부모의 힘이 필요하게 된다. 결혼한 자녀를 위해 최선을 다할 수 있는 유일한 사람들이기에 더욱 그 보탬이 필요하다. 그곳에는 세대 차이가 분명히 있다. 그래서 많은 갈등이 생겨나지만 그래도 손자, 손녀의 육아에 부모 다음 순번이라 더욱 감지덕지해야 할 일이다. 육아를 위하는 일이라면 사소한 갈등과 세대 간의 차이를 극복하는 것이 또한 지금 우리의 숙제이기도 하다. 육아하다 보면 생겨나는 모든 난제가 있다. 아이를 위해 어른들이 단순해져야 한다. 의견과 생각이 맞지 않아도 서로를 향해 고마운 마음만 가지면 되지 않을까. 그 마음이 조금이라도 도움이 되지 싶다.

 나의 지인은 육아를 도우려 결혼한 딸 부부와 한집에서 살다가 지쳐서 쓰러지고, 우울증이 오고 이명까지 생겼다고 한다. 지금은 손녀와 손자가 아주 예쁘게 잘 자라고 있다며 옛날 얘기하듯 들려준다. 할머니로서 아픔을 잘 이겨낸 극복기는 예사로운 일로만 들리지 않는다. 지금 우리에게 처한 현실이 내 가족만이 아닌 세상의 사람들이 극복해야 할 일이기도 하다.

 어려운 육아를 넘긴 지인에게 다시 그런 상황이 온다면 어떻게 할 것 같으냐고 물어보니, 육아가 어렵긴 하나 그 육아에 최선이 부모이고 차선이 조부모이니 최선이 힘들어하면 차선이 나서야 하지 않겠느냐고 되레 반문한다.

 나도 딸이 육아에 힘쓸 때, 딸과 사위가 지치지 않기를 바라며 조금 도와준 할미다. 이젠 며느리와 아들이 지치지 않게 육아를 도와주고 싶다. 손자의 외할머니의 반의반도 해주지 못해서 가끔은 미안한 마음이 들지만 그래도 불러줄 때는 고마운 마음이 든다. 5년 전에 손녀를 재울 때 함께 눈높이를 하며 부르던 동요를 다시 불러주는 행복한 감성이 아직 사라지지 않고 있어서 힘이 되기도 한다. 점점 육아에서 벗어나는 손녀는 내년에는 학교에 가야 하니 일곱 살이 되나 보다. 갓난아기 때 잠재우느라 할미가 등에 업고 불렀던 동요를 익혀 지금은 곧잘 부른다.

나에게 브람스는 어떤 마을보다도 더 넓고 크게 보인다. 클라라의 자녀를 사랑하며 육아를 도와주었다는 것을 알고 있기에. 이제 막 걷고 뛰려 하는 손자를 재울 때는 손녀 재울 때 실패한 브람스의 자장가를 다시 불러본다.

브람스가 있고 뽀요요가 있어서 나는 아이의 눈을 맞추고 즐겁게 노래한다.

'그대'의 뉘앙스를 아시나요?

 미세먼지가 퍼지게 쏟아지더니 봄비를 맞은 풍경이 잠잠하다. 먼지가 사라진 곳에서 모든 것이 저물어간다. 저물어가는 시야는 어둠 속에서 맑고 밝다. 태곳적 천지의 시작이 저러하였을까? 맑으나 고요하고 밝으나 쓸쓸하다.

 나의 그대가, 그대의 내가 저무는 모습도 저리하다. 집착의 근원이던 나와 그대, 그대와 나. 치열함이 사라지니 서로를 향한 집착도 사라진다. 관조하는 마음으로 바라보니 '그대'라는 고운 말이 슬며시 똬리를 틀며 마음 한구석에 자리하고 측은지심이 흘러내린다.

 만남의 시작은 작은 먼지가 업처럼 쌓이고 그 먼지를 털어내려 날마다 안달복달이다. 옷에 묻어온 먼지는 털어버리면 그만

인데, 털어내지 못하는 언어의 먼지는 어찌하나. 단어의 한쪽 끝자락에 빌붙은 작은 토씨까지 문장 속에 갇혀 높다랗게 말 먼지가 쌓인다. 아무 쓸모가 없는데도 말 먼지를 버리지 못해 감당이 안 될 때가 있다. 부부는 어렵고 힘들었던 날에 좌절하며 무너질 순간에도 함께한 마음을 잊고 산다. 순간의 감정을 잘 쟁이지 못하고 둑이 터지듯 터져 나오는 말 먼지가 서로를 괴롭히고 있다는 것도 잊고 산다.

아내는 그의 음주벽에 말 먼지를 두서없이 퍼지게 쏟는다. 술도 아무것도 없는 무인도에서 살자고 다그치기도 했던 날이 있었다. 돌이켜보니 참 쉽지 않은 날이었다. 인간은 그들이 가진 삶의 긍지는 사랑이고 인내라는 걸 배우기까지 얼마나 많은 먼지를 삼키고 뱉었던가. 네 살배기 어린아이가 피난 도중 어머니의 손을 놓고 두려움에 떨며 한참을 울었다고 한다. 이따금 술잔을 기울이면 그때의 트라우마가 술잔에 떠올라 말이 많아지는 모습을 그에게서 본다. 음주벽이 있기까지 한 사람의 삶 속에 담긴 외로움을 이해하며 바라보니 그 또한 지나가더라.

말 먼지를 마시지 않으려 묵언수행을 한다. 둘이 살면서 혼자 하는 묵언이 가당키나 할까. "밥 안 줘." 큰소리에 똬르르 쏟아지는 말 먼지들, 먹어야 하는 사람의 본능을 좋은 감정으로 바라볼 수 있는 시간이 얼마나 될까. 태어날 때부터 가지고 나오는 개개인의 움직임과 마음이 생각이 다 같을 수는 없겠지. 자신만의 본능을 내세우는 행위가 상대의 자유를 침범하는 것이 될 수도 있으리라. 사랑의 감정으로 서로를 향한 말이 평생을 가늠하지 못하는 속박의 길이 되기도 한다. '사랑한다.' '영원히 함께하자.' 등등 쉽게 변하는 마음의 순간이 접착제 같은 말이 되고, 그 말이 감언이설인지도 모르고. 물론 어느 순간에는 진실로 사랑하고 싶었겠지.

어느 때부터인지 정확히 알 수는 없으나 상대로 인한 스트레스의 강도가 감당키 어려워 갈등을 빚는 순간에도 나와 다르다는 이유로 상대에게 잔소리를 늘어놓게 된다. 모든 진솔한 말도 사랑하던 생각도 다 털어버리고 싶은 순간이 있다는 것을 깨닫게 된다.

드러내고 싶은 남자와 감추고 싶은 여자, 그 속성의 차이. 독선에 가까운 아내에 대한 남편과 남편에 대한 아내의 이기심. 그대라고 부르기엔 너무나 가까워 지겹게 노출되어버린 결혼의 함정 또한 부부의 삶이다. 서로를 향한 말 먼지에 거리두기가 필요하다. 거리두기를 핑계로 말을 하지 않고 침묵 속에 묻히다 보면 '그대'라는 고운 뉘앙스는 멀어지고 어색해진다. 먼지를 뒤집어쓴 듯, 삶의 모습이 갑갑해질 때 그대라는 말이 주는 위안이 얼마나 청량한지, 그런 느낌이 쉽지 않겠지만 서로의 그대를 곱게 보아야 한다.

함께 어울려 뛰기도, 걷기도, 날기도 한 시간을 무색하게 만드는 멀어진 그대. 기쁘게 바라보아야 할 일조차 처연하게 보이는 기억들. 부부는 초심을 잃고 모든 것이 달라 보이는 시점에 와 있다. 그것이 무엇 때문인지 잘 보려 하지 않는다. 눈만 뜨면 다가오는 미세먼지 걱정에 예민해져서 일기예보에 관심을 가지고 날씨를 두드리는 것으로 하루가 시작된다. 그곳에는 차곡차곡 쌓여가는 말 먼지가 있다. 안타깝게도 말 먼지가 쌓이고 인내하지 못한 회한의 눈물이 시야를 덮어버린다.

더 늦기 전에 서로에게 위안의 말을 안겨줄 따뜻한 대화의 테이블이 필요하다.

그대, 그대여. 많은 변화를 일으키는 그대가 있다. 그곳에는 자기만의 세계가 꿈틀거리며 움직이고 있다. 얻고 잃어버리는 갈등의 폭이 얼마나 깊은지. 한참을 할퀴고 서로를 증오해도 멈추지 않을 때가 있어 슬프고 어리석은 것이 그대의 모습이다.

옷에 묻은 먼지를 털어버리듯, 마음에서 묻어나오는 말 먼지를 깡그리 털어버린다. '그대 뜻대로 하소서.' 나도 모르게 불쑥 나오는 발칙한 순간에 '그대'라는 말의 뉘앙스가 위안이 되기도 한다. 혼잣말로 되새김질하는 소처럼 중얼거린다. 나와 다른 모습을 바라보며 이해를 하고 그곳에서 그대가 아닌 내가 자유로워지려면 그대가 하는 모든 움직임을 내버려 두는 것이 내가 자유로워지는 길이지 싶다.

내가 창을 열면, 창을 닫는 그대. 마주 보며 가까이 있어도 마음은 따로 움직인다. 산으로 향하거나 바다로 향하거나 생각도 다르다. 언제였었나, 잃어버린 초심을 찾으려고 기억을 떠올린다.

비단을 조금 거칠게 짜면 '갑'이 된다. 갑은 거친 과정으로 짜였어도 그의 본성은 가장 부드러운 명주실이다. 수많은 그대들이 거칠게 말 먼지를 쏟으며 혼란을 일으켜도 그들의 시작은 사랑이었고, 모든 그대들은 서로를 위하고 아끼려는 고운 본성을 가지고 있음을 알게 된다. '갑'의 속성처럼.

이기심의 틀이 조금씩 변형되면서 침묵의 테이블이 아닌 말의 테이블이 놓인다. 현관 앞에 택배가 왔다. 열어보니 마스크가 가득 담겨있다. 미세먼지가 심각하다며 딸이 마스크를 배달시켰다. 그대는 딸의 고마운 마음은 뒤로한 채, 이리저리 살피면서 미세먼지 마스크에는 여러 단계가 있다며 설명이 장황하다. 그를 바라보는 내게서 또 말 먼지가 쏟아지려 한다. 대화의 테이블이 놓여있으나 별 소용이 없는 듯, 자리를 피해 밖으로 나간다. 나가는 내게 마스크를 쓰고 다니라며 하나 챙겨준다.

나의 그대는 나를 위하는 마음이 참 많기는 하나 보다.

손녀의 말처럼 "할아버지는 할머니를 사랑하나 봐." 아이들 시선으로 보며 느끼기로 하니 말 먼지가 봄비를 맞은 것처럼 촉촉이 가라앉아버린다.

가로수 아래의 진상 보기

여자는 TV를 켜놓고 바라보면서도 머릿속은 온통 남자의 행방을 쫓고 있다.

아무리 전화를 해도 응답이 없다. 별일 없기를 바라며 또 전화한다. 아! 이제야 통화가 되는구나. 반가운 마음에 화를 내지 않겠다고 다짐하며 고운 목소리로 "어디세요." 춘향이가 이몽룡을 기다리면 이런 목소리가 나올까. 수화기 너머 들리는 소리는 이몽룡이 아닌 낯선 소리다. "여기는 동아청솔 입구 가로수 아래인데 등산복 차림의 아저씨가 술에 취해 이상한 행동을 하고 있어요. 지나가는데 계속 전화벨 소리가 들려 대신 받고 있습니다."라고 한다. 감사의 말을 하며 전화를 끊었다. 그렇지. 예상을 뒤집는 일은 없고 여자는 짧은 탄성을 내뱉는다. "나무 관세음보살."

　일요일 아침 등산 잘 다녀온다며 나간 사람이 깜깜소식이다가 새벽에 가로수 아래에 있다니. 주일이면 뻔히 보이는 남자의 만행을 여자는 알면서도 춘향이가 따로 없다. 일찍 일어나 산에서 먹을 점심 도시락을 어느 누가 이토록 담아낼까. 춘향이가 몽룡을 위해 그렇게 지극정성이었을까?

　낙지 속을 넣은 단호박을 찌고 고슬고슬 지은 밥과 오이무침, 멸치볶음 등으로 도시락을 싸서 등산 가방에 차곡차곡 넣는다. 여자의 모습이 참으로 지극정성이다. 대충 김밥 한 줄 사가라고 해도 나무랄 사람 없건만, 이른 아침에 무슨 청승이냐고 할 사람이 더 많을 것 같다. 그러거나 말거나 여자는 자기가 열녀 춘향인 것처럼 착각하고 산다. 춘향의 새벽 도시락 싸기를 당연하다고 착각하는 몽룡은 씩씩한 모습으로 길을 나선다. 산행만 하지 술은 절대로 먹지 않겠다고 큰소리치며.

　일요일이면 종종 벌어지는 남자와 여자의 모습을 바라보던 아들이 건넨 한마디는 여자의 뒤통수를 가격한다.

　"산행만 잘하고 오라는 어머니는 술안주를 도시락으로 싸면서, 술은 먹지 말고 산행만 하기를 바라는 것이 무리수지요. 결국 아버지가 술을 드시라는 것이지 어쩌려고 그러냐."고 말한다. 하루 이틀도 아니고 번번이 보아온 아들의 말이 적중하다면서 여자의 저녁 시간은 기다림으로 범벅된다.

　자신의 한심한 모습을 내려다보는 여자는 미련스럽다는 생각이 들었으나, 몽룡이 찾기에 돌입한다. 새벽 별이 반짝거리는 거리로 나선 여자는 혼자 힘이 벅차서 아들에게 응원을 청하고 가로수 아래로 몽룡이 찾아 나선다. 가물가물 멀리 나무 아래에 이상한 광경이 보인다. 등산 가방을 메고 퍼지게 앉아 나무와 대화를 하는 남자. 다가서니 몽룡이다. 가자고 해도 일어나질 않고 계속 나무와 대화하는 몽룡을 아들이 등에 업으며 "가방은 어머니가 맡으세요."라 한다. 몽룡이 나무를 향해 잘 있으라고 손짓한다. "아휴 저 진상, 새벽에 보이는 저 꼬라지." 목구멍까지 나오려다 말이 멈춘다. 아들이 곁에 있으니 말도 조심스럽다.

　우여곡절 끝에 집에 온 여자는 가로수 아래 풍경이 그냥 스쳐지지 않는다. 길거리에 서 있는 나무를 한 사람의 대화 상대로 바라보면서 얘기하는 남자. 그저 단순한 취객으로 치부하기엔 찜찜한 느낌이다. 외로움을 가지고 태어난 인간의 실상일까.

그동안 서로 소통이 뜸했던 탓일까. 여자는 미안한 마음에 가슴이 먹먹해진다. 술 취해 나무와 대화하는 남자의 감성이, 장자의 감성 못지않다는 생각이 왜 느닷없이 드는지.

『장자』「지북유」에 나오는 말이 새삼스럽지 않음은 가로수와 말을 하던 남자의 만행 탓일까.

산림아, 들판아. 나를 이렇게 즐겁고도 기쁘게 하는구나! 기쁨이 채 가시기도 전에 슬픔은 뒤를 이어 따라온다. 나는 슬픔과 기쁨의 도래에 항거할 수 없으며 슬픔과 기쁨의 사라짐 역시 막을 수 없다. 슬프구나, 세상 사람들은 사물의 정감이 잠시 머무는 곳에 불과하다니!

남자는 일시나마 나무라는 사물로부터 정감을 느꼈을지도 모른다는 생각이 들어 인간을 어디에서 찾아야 참모습이 보일까?

잠든 남자를 바라보면서 여자는 '이 또한 지나가리라.' 곱씹어 본다.

감성의 온도

그냥 그렇게 같은 움직임으로 서 있는 삶은, 온도를 느끼지 못하고 항상 그대로다. 추억도 아닌 것이 십 년이 지난 지금 기억으로 남아 누군가의 가슴을 뜨겁게 설레게 한다면 그 설렘은 무엇일까?

가곡을 곧잘 부르는 그녀에게 〈가고파〉는 평소 느끼는 삶의 일부처럼 별다른 느낌 없이 즐겨 부른다. 너무 익숙해서 몸에서 퉁겨지는 오래된 악기가 되어버린 것일지도. 그러나 〈가고파〉의 후편이 있음을 알고 배우게 된 것이, 아직은 익숙하지 않은 2절 노랫말과 멜로디가 기억의 고리가 되어 감성을 끌어 올린다.

물 나면 모래판에서 가제 거이랑 달음질치고
물 들면 뱃장에 누워 별 헤다 잠이 든다.

울산 장생포를 떠올리며 그리워하는 것은 오랫동안 잠자던 유년의 기억이다.

돌아보면 아이러니하게도 제자리를 지키는 것은 매일 힘겹게 살아가는 지금의 삶이 아닌 어제의 기억들이다. 그 기억이 일탈이라면 삶을 견디어야 하는 곳에 더욱 힘을 실어주기도 한다.

추억도 없는 짧은 기억만으로도 가슴이 뜨거워지고 그래서 가끔 이해할 수 없고, 가볼 수 없는 것을 느끼고 싶은 그녀는 달맞이꽃을 보면 온도가 변한다.

달맞이꽃의 향기가 새록새록 풍겨오면 렌즈 뒤에서 응시하던 땀에 젖은 눈을 보던 날이 떠오른다. 렌즈의 빛을 보내며 신비롭게 바라보던 눈을 느끼며 그 생각의 깊이가 어디까지일까를 헤아리는 그녀.

이곳이 백야인가 하고 휘둘러보는 곳에 높다랗게 서 있는 조명은 어둠만을 밝히는 것이 아니라 사람의 마음속까지 들여다보고 있는 것 같았다. 그녀는 움칫하며 몸을 사리는데, 렌즈 뒤의 눈이 빛이 되어 쏘아 본다. 스치고 지나버리는 많은 것이 모든 사람을 자극하지는 않을 것이다. 그날 그녀가 본 것은 짧은 일탈이지 싶다.

　반복되는 일상 속에서 언제나 꿈꾸던 그녀는 KBS TV에 100인 중, 한 명의 게스트로 참여하게 된다. 넓고 커다란 강당은 백야처럼 어둠을 밝히고 있었다. 시선을 어디에 두어야 할까 머뭇거리는 그녀에게 카메라 1대가 다가와 밀착 촬영이다. 아무런 말도 하지 못하는 렌즈는 그녀의 움직임을 읽으려 한다. 렌즈와 렌즈 뒤의 침묵이 너무나 깊은 침묵이어서 그의 눈은 더욱 투명하게 보이고, 렌즈와 눈은 가히 물아일체다. 신기하게 그녀도 그 속에 함께 들어있는 것 같은 착각을 일으킨다.

　누구도 그녀를 그렇게 집중해서 본 적이 없었다. 순간 그녀는 누가 만지지도 않았건만, 숨이 막히게 뜨거워지고 있음을 감지한다. 이 열기를 어찌하나 당장 탈출구가 없어 안절부절 스스로 행동이 부자연스러워 어색하게 앉아있던 그녀는 그 자리가 몹시 부담스러웠고 마음은 들떠 있었다.

　저녁 시간이 되고 사람들이 식사하는 곳에는 카메라가 없었다. 그런 곳에서도 그녀를 향한 그의 눈은 응시를 멈추지 않다. 그녀는 그곳에서 그 누구의 관심을 끌 수 있다는 것을 상상하지 못했으며, 특히 이성의 관심이 어떤 것인지를 도무지 인지하지를 못하였다. 일과 사사로움의 구별도 할 수가 없었다. 어린 시절 <누가 누가 잘하나>라는 어린이 방송에 출연하여 독창하다가 가사를 잊어버리고 한참 무대에 서 있다가 내려온 일이 떠올랐다. 사람들이 바라보는 곳에서 자신을 노출한다는 것이 얼마나 부끄러운 일인지를 알고 있는 그녀. 일에 열중한 이성이 어떤 식으로든 자신을 들여다보는 것이 부끄러웠을까. 아니면 가슴이 설레었던 것일까. 그녀에게 설렘이 아직도 남아있었던 것인지?

분명 그것은 설레는 일이었다. 그녀는 아무런 속삭임도 듣지 못하고 오롯이 그 눈빛 하나 때문에 잠을 설치다 밖으로 나와 풀숲을 걷는다. 어둑해진 저녁의 향기가 달맞이꽃과 어우러져 일탈의 냄새를 뿜어내며 사방으로 퍼져있다. 푸른 냉기가 피어나는 달빛 아래 백색의 달맞이꽃이 밤의 기운을 토해낸다. 차가운 기운을 받으며 그녀도 뜨거운 낮의 열기를 토하려 심호흡을 크게 한다. 향기를 보내는 달맞이꽃과 렌즈 뒤의 눈빛이 어우러진다. 단 하루도 안 되는 빛과 어둠이 주는 상황이 그녀를 현기

증 나게 하였다.

　그날 그녀의 소행은 아무런 추억도 없이 눈빛 하나의 파급으로 사랑을 느끼고 일탈을 꿈꾸고 있었을까. 그녀는 스스로 이해하기 어려웠으나 감출 수 없는 감성의 온도는 느닷없이 다가온 기억만으로도 오랫동안 작은 별처럼 반짝이고 있었다.

　성실한 일상도, 변하지 않는 사람도, 그 삶도 좋기는 하지만 생각의 일탈이 삶을 설레게 하기에 사소한 기억만으로도 인간은 언제나 꿈을 꾸기도 한다.

　그녀처럼, 그냥 그렇게 머무르지 말고 움직이며 무엇이라도 응시해 보자.

그 파란 물 눈에 보이네

　내 기억의 언저리에는 언제나 남쪽 바다에서 놀며 얘기하던 친구가 있다.
　둘은 전혀 닮지 않았으나 목욕탕에는 종종 같이 다녔다. 친구는 몸에 붙어있는 때를 닦아내고 또 닦아내며 질릴 정도로 씻었다. 억척스럽지 못한 나는 속으로 나와 맞지 않는다고 툴툴거리면서 잘도 어울려 다녔다. 그때는 지독하게 절약하여 내 눈에 인색하게 보이던 친구의 삶이 왜 그래야 하는지 그것도 이해하기가 어려웠다.
　모든 것을 이해하기 어려운 사이였지만 그래도 둘은 보이는 것과는 다르게 통하는 곳이 있었는지 만나면 즐거워하며 언제나 동심으로 돌아가 있었다.

파란 하늘과 옥빛 바다가 어우러진 곳이 고향인 친구와 나는, 바닷가를 걸으며 어린 시절의 얘기를 숨기지 않아 서로의 비밀을 알기도 했다. 여동생과는 성(姓)이 다르고, 얼굴도 모르는 오빠가 있다는 친구의 아픈 가족사는 나에게 충격이었다. 그 고백은 나만 알게 되었고, 나 또한 하기 어려운 유년의 얘기를 하면서 둘만이 간직한 비밀이 생겼다. 어느 순간에 서로의 처지를 이해하는 사이가 되었고, 습관과 행동, 성품 등 모든 것이 확연히 다른 둘은 아무도 모르게 숨기던 일들을 고백하면서 마음을 열어 그 마음을 같이 나누고 있었다.

　힘들어하던 가족사를 잘 견디어내던 친구는 자신의 삶을 누구보다도 억척스럽게 살아 내었다. 영문과를 졸업하고 남자를 만나 결혼하고 홀연 미국으로 떠났다. 딸을 낳고, 아들을 낳고, 미국 시민권을 받으며 식당에서 매니저로 일을 하는 친구의 소식은 듣기만 해도 치열했다. 몸의 때를 벗기듯 삶의 때를 억척스럽게 벗기는구나. 유년의 아팠던 가족사가 사라지기를 바랐을까. 친구는 피부에 반점이 생길 때까지 때를 닦고 또 닦았다. 친구의 삶이 왜 그리 치열했을까. 친구를 바라보던 안타까운 마음이 언제부터였는지 나를 향해 있었다.

나에게 물어보았다. 억척스럽게 살아가는 친구의 삶을 바라보며 그동안 나의 삶은 과연 어떠하였나 하고. 돌아보니 친구처럼 치열해지려고 하는 내 모습이 보였다.

나는 공연히 쑥스러운 마음이 들어 자신에게 변명처럼 중얼거린다. 인간의 태어남이 혼자라 해도 우리는 어쩔 수 없이 사람과 어우러져 살 수밖에 없나 보다. 태어나고, 결혼하고, 자식을 낳고 사람답게 삶을 살아야 하고 그래서 나도 친구보다 더 하지도 덜하지도 않다는 생각이 든다. 억척스럽게 살고 있다는 친구의 모습이 싫었는데 나도 모르게 닮아 있었다. 목욕하면서 때를 열심히 닦고 있는 나의 모습도 오래전 친구를 보듯 닮았구나 싶다.

소설가 이청준의 수필 「남녘 하늘의 비행운」은 치열하지 않아서 좋다. 바닷가에서 파란 하늘을 올려다보면 비행운이 하얗게 그림을 그리듯 그려놓은 이 글은 친구와 지내던 시절의 그리움을 떠올리게 한다. 바닷물에 발을 적시고 깔깔대며 웃던 친구의 모습을 생각하며 나는 〈가고파〉를 불러본다.

내 고향 남쪽 바다 그 파란 물 눈에 보이네

그 물새 그 동무들 고향에 다 있는데

　삶의 모습이 동심으로 펼쳐지는 곳에다 그리움을 쏟아낸 작가의 정서가 지성적으로 묘사된 표현이 간결하고 자연스럽다.
　누군가는 지성을, 누군가는 감성을 따로 한쪽으로 몰아가는 것이 아쉬웠는데 여름날의 한편이 담고 있는 이 소박한 지성과 감성이 참으로 다정하다. 소음도 없이 머리 위로 지나가는 비행운을 바라보며 하염없는 눈길로 먼 곳의 친구 얼굴을 그리다 자신의 모습을 되돌아보는 소설가는 작은 생각조차 쉽게 버리지 않는다.
　단편 모음 머리글에서 "오늘 우리 삶은 거대한 정보체계의 보잘것없는 미세한 단위로밖에 취급받지 못한다."라며 탄식하던 이청준 선생은, 그래서 더욱 독자들에게 선과 악의 유용성을 가려낼 소설을 쓰겠다고 고백한다. 분명한 의지를 담고 확실한 메시지를 독자에게 전달하려 애쓴 선생의 소설 쓰기가 얼마나 치열하였을까. 그저 문장 맞추기 급급하던 내 글쓰기는 얼마나 의지를 담고 쓰고 있나. 한참 생각에 잠긴다. 복잡한 소설 쓰기에서 잠시 벗어난 선생의 이 수필은, 보이는 현상에서 문득 떠오르는 느낌을 동화처럼 그려놓고 독자에게 펼쳐 보인다. 읽기가 아닌 보여주는 글의 한적함이 눈을 시원하게 한다. 그곳에는 머리 위로 기다랗게 이어가는 비행운을 바라보며 그리움에 젖어 있는 유년의 사랑스러운 우리의 모습도 보인다.

이젠 내게 삶이 치열하거나 억척스럽다는 것이 아무 의미가 없다.

선생의 수필 속에서 찾게 된, 내 마음에 내재 되어 있는 친구를 향한 그리움과 옥빛 바다의 아름다운 풍광이 의미로 남아있을 뿐이다.

꿈이었으면

분명 바닷가 그 길이다.

친구와 슬픔을 나누며 걸었던 곳인데 친구도 길도 다 사라지고 보이지 않는다. 정신을 가다듬고 머리를 쓸어보아도 꿈속의 길을 찾을 수가 없다.

언제나 잠에서 만나는 꿈은 별빛처럼 반짝거리다가 찰나에 거품이 되어 머리카락 사이로 빠져나가 버리고 공허만 남긴다.

나는 떠오르지 않는 꿈을 잡으려 애를 쓰다가 기억 너머에서 스멀거리며 피어오르는 고소한 냄새를 놓치지 않으려고 킁킁거린다. 깻잎을 무척 좋아했던 '모로' 엄마는 커다란 소쿠리에 가득히 씻어놓은 깻단 하나하나에 양념을 묻혀가며 깻잎김치를 담고 있다. 미국에 가지고 가려고 담고 있는 김치통을 물끄러미

바라보다가

"왜 귀찮게 그걸 해서 가지고 가니. 그곳에는 깻잎이 없니."라고 묻는다.

"거기도 있기는 한데 우리나라 깻잎만큼 향이 나질 않아서." 라고 친구는 말한다.

그래 깻잎은 향으로 먹으니까 실은 나도 깻잎을 무척 좋아하지. 친구를 바라보며 기억을 더듬는다. 여고 시절 한동네에 살며 같은 학교에 다닐 때 우리 집이 너의 집이고 너의 어머니가 내 엄마였지. 그때 함께 먹던 깻잎 향을 어떻게 잊을 수가 있겠니. 학교에서 수업을 마치고 집에 오면 냄비에 새파랗게 쪄놓은 깻잎을 손가락으로 집어 먹으며 마주 보고 행복해하던 그 시절이 주마등처럼 돌아간다.

항상 내 편이었던 모로엄마! 내 절친은 결혼 후 가족과 이민을 가버려 산천이 스무 번이나 바뀌도록 만나지 못했다. 느닷없는 친구의 전화를 받고 한국에 와있다는 소리에 단숨에 친구 어머니가 사는 아파트로 향했다. 백발이 짙은 친구 어머니를 만났으나 해후의 반가운 마음보다 병색이 짙은 노인의 모습에 눈시울이 흐려졌다. 근 30년을 만나지 못했던 친구는, 어머니의 건강이 좋지 않아 다니러 왔다며 나와 회포를 풀은 날이 며칠 되지도 않았는데 다시 미국으로 돌아간다고 한다. 며칠의 만남을 되짚어보니 만나서부터 줄곧 같이 있는 동안 무슨 이야기를 하였는지, 어떻게 살아왔는지 함께 나누었던 말과 풍경은 잘 떠오르지 않고 오랫동안 쌓여있던 그리움이 가슴을 저리게 했던 마음만 오롯이 남아있다. 아직도 보고픈 마음이 사라지지 않는 이 답답함은 무엇인가. 이승에서 다시 만날 수 없어서일까.

영어를 우리말처럼 유창하게 잘하던 친구는 대학을 졸업하고 직장에 다닐 때 결혼적령기에 접어들면서 만난 사람이 있었다. 몇 번을 만나고 잘 되기를 바랐는데 어느 순간에 연락이 끊어졌다. 결혼까지 생각하였던 사람의 연락을 기다리다가 그 사람을 마지막으로 만나러 갔던 친구는 오지 않는 사람을 마냥 기다리다 비를 맞으며 우리 집으로 왔다. 흠뻑 젖어 있었다. 어스름 저녁에 만난 그녀의 모습은 낡은 대문 앞의 흐릿한 가로등 불빛만큼이나 어둡고 쓸쓸하게 보였다.

친구와 나는 해운대 바다를 앞에 두고 모래톱 위에 앉아 지나온 가족사를 얘기하였다. 쉬이 말하기 어려운 아픈 기억들이었다. 여동생과는 성(姓)이 다르다는 것과 함께 살지 않는 배다른 오빠가 있다는 얘기를 들으며 나는 친구의 결혼이 이루어지지 않은 이유를 알게 되었고 마음이 몹시 아팠다.

버릴 것이 없는 곱고 고운 친구의 가치를 모르는 놈이라며 힐난하다가 보니 어느새 둘은 한마음이 되어있었다. 나는 아버지가 일찍 돌아가신 얘기를 하며 엄마가 살아온 고생길을 털어놓고 서로를 위로하였다. 우리는 인간의 삶을 자연스럽게 말하는 성숙한 어른이 되어 지금은 이해하기 어려운 고루한 결혼관에 얽매어있던 시절을 탄식하며 소리 내어 읊었다.

"삶이 그대를 속일지라도 슬퍼하거나 노하지 마라."

"결혼은 해도 후회, 하지 않아도 후회한다."라는 시어나 철학의 용어를 인용하면서 노년의 철학자가 된 듯 한순간에 늙어있었다.

세월이 흐르고 그래 저래 살면서 멀리 떨어져 있어도 모로엄마는, 언제나 나와 함께하는 마음이리라 여유롭게 생각했는데 그게 아니었다. 친구를 바라보는 내 시선 속에서 그녀가 살아온 삶의 격동이 파도처럼 출렁이고 있었다.

오래전 우리는 엄마들이 살아온 길을 이해하려고 고뇌하던 시간이 있었다. 비슷한 환경 속에서 힘들어하며 지나온 그 시간을 지금까지 왜 잊지 않고 있었는지. 엄마의 삶이 마음 저리게 아팠던 시간이, 기억 너머에 있는 청춘의 날들이, 생인손처럼 가슴 저 끝자락에서부터 아리어온다.

어머니의 장례식을 치르고 난 후, 감추고 싶었던 엄마의 삶이 눈앞에서 사라졌다며 나머지 삶이 홀가분할 것 같다던 친구는 다시 미국으로 훌쩍 떠났다.

그렇게 반년이 채 지나지 않은 어느 날, 해가 산마루에서 뉘엿거리며 늘어져 있던 시간에 친구의 전화를 받았다. 세브란스병원에 있다는 연락을 받고 신촌으로 달려갔다. 느닷없이 친구가 내뱉는 한마디. "의사가 캔서라고 해." 재검사를 위해 입원해야 한다고 말한다. 영어에 서투른 내가 의아해서 바라보니 위암이라는 말을 한다. 아니 왜? 그 시간 이후부터 나는 영어단어인 캔서(cancer)가 싫어졌다.

사람은 누구에게나 생각지 못한 일들이 생겨 살아가는 것이 힘들어지기도 하지만 그 또한 삶의 일부라 생각하며 견디어낸다. 그러나 친구의 병명으로 들은 그 단어가 무서워 견디어 보라는 말이 쉽게 나오지 않았다.

친구가 왜 그런 몹쓸 병으로 가버렸나. 고향을 떠나서 산다는 것이 얼마나 힘들었을까. 돌이키지 못하는 우리네 삶의 지평선을 바라보며 고개를 저어본다. 회한이 남는 저 기억 너머에 서서 나는, 어디서부터가 꿈이라면 좋을까.

  세상의 모든 슬픈 일들이 꿈이었으면 참 좋겠다.

나비의 작은 날갯짓은

비가 추적추적 내린다.

방금 수업을 마친 가곡반 동료와 함께 집으로 가는 길이다. 가방이 젖는 것도 아랑곳하지 않고 옆의 동료를 챙긴다. 그녀는 미안해하며 집이 가깝다고 가라고 하지만 혼자 가지 못하고 그녀의 집 앞까지 가기로 한다. 내겐 작은 이유가 있다.

두 시간 전에 우산 주인을 찾으며 두리번거리던 낯모르는 아주머니의 목소리가 뒷자리에 앉은 내게도 답답할 정도로 작게 들렸다. 빗물이 뚝뚝 떨어지는 우산을 밖에 두고 들어온 그녀가 저 앞에 있었건만 아주머니의 기어들어 가는 아주 작은 소리는 들리지 않았을 것이고 그래서 크고 잘생긴 무지개색 우산은 주인의 손을 떠나버렸다.

가곡반 수업이 끝나고 그녀는 뒤늦게 잃어버린 우산을 찾는다. 아차! 강의실을 기웃거리던 아주머니가 떠올랐다. 힐끗 작은 소리만 내더니 남의 우산을 들고 가버리는 아주머니를 붙잡아야 하는데 귀찮아서 무심했던 나는 내 탓인 것 같아 변명처럼 나에게 속삭인다. '왜? 수상한 낌새를 알고서도 우산 주인을 찾아주지 않았니, 그건 너의 탓이야.'라고. 우연히 비 오는 날에 생긴 일 때문에 미안해하던 내 마음을 알고 둘의 관계가 돈독해지는 계기가 되었다.

소소한 마음의 날갯짓이 상대를 움직일 수 있다는 것을, 그저 그런 일상 속에 잠재된 인간의 마음과 행위가 보이지 않는 힘으로 존재한다는 것을 어렴풋이 느꼈다.

몇 년 전에 온 나라를 뒤흔들어 놓은 사고가 떠오른다. 지금까지도 많은 곳에서 회자되고 비극이 되어버린 되돌릴 수 없는 상처로 남아있다. 학생들의 가슴 벅찬 수학여행의 길이 큰 슬픔으로 남아서 아직도 많은 사람이 아파한다. 나는 그 속에서 사람들의 몸짓이나 소리가 더 큰 화를 만들어내는 힘을 가지고 있음을 보면서 안타까웠다.

사람이 행하는 작은 마음의 움직임과 무심코 던진 한마디 말이 세상에서 일어나는 어떤 일의 시발점이 되어 인간의 삶을 좌지우지하기도 한다. 조금만 더 생각해보면 알 수 있는 마음의 파동이, 아무렇지도 않게 여기는 소소한 행동의 날갯짓이, 엄청난 사건이 된다는 것을 모른 채 무책임하게 살아간다.

누구나 힘든 일을 당하면 자신을 잃어버리고 무력감에 빠져 오랫동안 그곳에 멈추어 서서 어찌할 바를 모른다. 슬픔에 젖어 있는 사람은 이타심이 없는 사람의 형식뿐인 말에도 위안을 받으려고 믿게 된다. 그들이 진실로 힘들어하는 사람을 배려하는 것인지 진심으로 타인을 위하는 마음이 있는 사람인지를 알아볼 생각조차 하지 못한다.

이타심 없이 마구잡이로 흔들어대는 나비의 날갯짓은 빨리 잊어야 한다. 슬픔에 젖어있는 사람을 더욱 비극 속으로 끌고 가는 일은 멈추어야 한다. 나비는 그저 나비일 뿐이다. 나비는 자신의 행위가 어떤 것인지 어떤 영향을 미치고 있는지를 모르며 나풀거린다. 인간의 모습을 찾을 수 없는 곤충이다. 생각이 없이 여기저기 날아다니는 작은 나비의 날갯짓이 큰 파장을 일으킬 수도 있다. 지구 반대편에 태풍을 일으키어 수많은 사람에게 비극을 안겨주기도 한다.

인간은 나비가 아니다. 슬픔을 잘 다스리며 자신의 내면을 지키는 소리에 귀를 기울여야 한다. 슬픔이 무엇을 말하는지를 잘 듣고 토닥이고 달래야 한다.

오래전 셰익스피어 시대에 있었던 비극을 책으로 읽으며 그 시대, 그 무엇도 책 속의 어떤 인물도 비극을 잘 다스리지 못하고 불행을 초래하는 것을 책으로 보았다. 욕망 속에서 벗어나지 못하는 어리석은 군상이 만들어내는 비극 속에 엄청난 음모가 만들어지고, 그 음모가 타인의 삶을 해치는 모습이 보이는데도 멈추려 하지를 않는다. 인간이 가진 어리석음은 비록 작은 슬픔이라도 그것을 잘 다스리지 못하고 우러르지 못하면 더욱 커다란 비극이 된다는 것을 알 수가 있었다.

슬퍼하는 마음도 인간의 본성이다. 내면에 있는 또 다른 선한 본성을 끄집어내어 슬픈 마음을 잘 다스릴 수 있다면 우리 마음의 폭이 넓어지지 않을까.

성찰의 마음으로 자신이 가지고 있는 생각을 들여다보며 두 손을 모아보자. '윌리엄 셰익스피어'가 남긴 명언도 같은 뜻으로 들린다.

기도하면 잊을 수 있고 용서할 수 있다.

새벽에 일어나서 깨어있는 사람은 기도한다. 나비의 날갯짓이 환경을 바꾼다면, 인간의 작은 날갯짓은 사람을 바꾸어 세상에 좋은 빛을 줄 수 있으리라.

다복솔의 노래

눈이 내리는 일월에도 다복솔은 젊고 싱싱한 잎을 한껏 뽐내고 서 있다.

사철 내내 푸른빛을 잃지 않는 솔은, 경주 계림의 숲에서 보던 신라가 담긴 묵은 소나무의 모습도 아니요, 오랜 세월 바닷바람을 맞으며 길게 뻗어있는 해송의 모습도 아니다. 역사나 연륜은 없으나 작고 앙증맞은 것이 얼마나 야무진지 마주 바라보노라면 나도 그처럼 단단해질 수 있을 것 같았다.

매주 월요일마다 내가 지나다니던 그 길에는 다복솔이 다복다복 모여 있다. 거기서 몇 걸음 더 걸으면 몸도 마음도 아픈 사람들이 모이는 병원이다. 그 길가에서 속삭이는 젊고 푸른 다복솔은, 바람이 불면 춤을 추고 더 심한 바람이 불어오면 노래를 부른다. 나는 그 노래를 따라 부르며 솔의 살아있는 푸르고 싱싱한 파장이 내 몸을 뚫고 생각 속으로 들어오기를 기도하며 아픈 사람들과 소통하려고 병실을 찾아다닌다.

교통사고로 머리를 다친 몸집이 큰 청년 '석진'이는 15층 병동에서 의식도 없이 침상에 누워 숨만 쉬고 있다. 누구든 오면 붙들고 기도해달라는 석진이 어머니를 위해 무엇이든 하고 싶은데 내가 할 수 있는 것은 참으로 미비했다. 그럴 때면 혹시 기적이라도 일어날까 하는 마음으로 환자의 손을 잡으며 솔의 파장이 전해지기를 바랐다. 나무도 꽃도 아닌 내가 마치 자연이거나 아니면 어떤 전지전능의 힘이라도 전할 수 있다는 듯, 어처구니없게도 나는 어느새 『다라니경』을 읊고 있다.

처음 병실 문을 두드릴 때는 막막했다. 말을 하려 해도 소리가 자꾸 기어들어 아픈 사람과 눈을 마주 보며 대화를 시도하는 일이 쉽지 않았다. 몸이 아프면 마음도 아플 것이라며 그 마음을 위로해주려고 다가가면 의심의 눈초리로 바라보는 것이 다반사였다. 그래서 머뭇거리게 되고 우물쭈물 망설이다가 희망은커녕 실망만 안겨주고 나오기도 했다. 이따금 환자나 보호자의 마음을 읽을 수 없을 때는 어떻게 말을 해야 할지 망설이게 된다. 겨우 힘들게 말을 꺼내며 진심 어린 마음을 주려 해도 상대가 손사래를 치면 그것 또한 잘 맞지 않는 코드 속에서 허우적거리는 꼴이 되어 무안하기도 했다. 어떤 날에는 다가갈 수 없을 정도로 몹시 아파하는 사람도 있었다. 아프다는 소리에 간호하는 가족이 쩔쩔매다가 의사에게 의지하게 되나, 인간의 힘으로 치유를 못 하는 그 아픔은 고스란히 환자의 몫이었다. 그럴 때 나는 솔의 노래를 떠올리며 내가 받았던 힘을 희망으로 줄 수 없을까 고민해보지만 나는 아무런 힘이 되지를 못한다. 무척 길게 느껴졌던 병실에서의 한순간이 흑백사진처럼 아무런 감동도 없이 무표정하게 지나가 버리면 그 여운이 남아 내 마음을 초라하게 만든다. 아픈 사람에게 작은 희망을 주려고 병실을 다니며 솔의 파장을 전하고 싶었건만. 보이지 않는 파장을 받는 사람은 그들이 아니었고 나 자신이었다. 환자를 만나면서 과연 내가 이 일을 잘해 낼 수 있을까 하는 걱정이 생기기도 했으나, 그곳으로 가는 길에서 솔의 노래를 들으며 환자와 가족을 만나는 일이 가깝게 느껴졌다.

시간이 지나면서 자신감이 생겨 솔의 노래를 흉내 내어 불러 보았지만 내가 부르는 노래는 솔의 노래가 아니고 자연이 주는 노래였다. 쉽게 자만에 차 있던 내 생각 속에 인간은 무엇을 해도 자연보다 더 잘 할 수 있으며 그래서 나도 그 야무진 솔처럼 내가 가진 힘으로 솔의 파장을 자연보다 더 잘 전할 수 있다고 착각하였다.

내가 아니어도 자연은 충분히 그들 속으로 들어가고 있었다. 맑고 화창한 날엔 태양이, 비 오는 날에는 비가, 눈이 오면 눈이 그들 속으로 들어가 보이는 것들을 웃게도 하고 눈물을 흘리게도 하며 치유를 한다. 보이고 들리는 모든 자연현상이 그들에겐 큰 도움이 된다. 그 자연은 몸과 마음이 아프고 절실한 마음을 가진 사람에게 더 많은 정서를 느끼게 해주어서, 그래서 삶이 무엇보다도 소중하다는 것을 깨닫게 되며 힘을 얻게 된다. 삶을 바라보며 고통을 이겨내는 그들에게 필요한 것은 누구의 말과 위로보다 스스로 갖게 되는 향한 강한 의지로 자신의 모습을 찾아내는 것이었다. 자연으로부터 힘을 얻고 그 힘으로 자신들이 가진 한계를 극복하며 그 속에서 아픔을 이겨내야 한다. 나 또한 시작할 때는 아픈 사람들을 위해 강한 의지와 파장을 주려고 나의 창을 열심히 닦았으나 창을 넓히지 못하고, 결국 내게 보이는 것만 바라보다가 어영부영 그 소중한 시간이 지나가 버렸다.

　길을 지나다 자세히 보니 솔의 잎 하나하나가 바소가 되어 있다. 그 가느다란 잎에서 아픈 마음과 힘든 몸의 곪은 상처를 낫게 하는 힘이 있었다. 그런 힘으로 노래를 부르는 다복솔은 그들 속으로 들어가 내가 하지 못하는 치유를 하고 있었다.

　자연을 만나며 그 속에서 아픔을 잊고 위로를 받는 그들을 보면서 인간의 한계를 알게되며 나를 돌아본다. 그들을 위해 솔의 파동을 끌어오려던 것이 결국 그들을 통해 내가 자연을 배우게 되었다는 것을.

　인간의 한계는 분명 자연을 뛰어넘지를 못한다. 비록 나는 자연이나 의사처럼 아픈 사람을 치유하진 못하나 문학이 할 수 있는 치유를 찾으리라.

　"한 알의 모래에서 천국을 보고 한 떨기 꽃에서 우주를 바라본다."라고 말하는 시인 '블레이크'처럼 내 글 속에 아픈 몸과 마음을 치유할 수 있는 자연을 담으리라.

라일락 나무 아래에서

바이러스 집이 되어버린 지구다. 그 품 안에서 나무는 꽃보라를 흩날리고 있다.

'춘래불사춘'이라 했던가. 나는 봄의 느낌을 잊어버리고 긴장의 나날을 보내고 있다. 오랜만에 마스크를 벗고 라일락 향기에 취해 나무 아래에서 사방을 둘러본다. 사람의 모습이 보이지 않는다. 붐비던 동네가 한적하다. 봄비가 가녀리게 감싸고 있는 아파트를 들어서면 초입부터 라일락이 물을 머금고 연보라색 꽃을 피운다.

해마다 정이월을 지나고 삼월이 오는 곳에서 꽃들의 수다는 하얀 목련으로 시작이 되고 키 작은 회양목의 담녹색 꽃이 소소하게 피어나면서 향내가 퍼지면, 멀리 초안산자락에서 불어오는 아카시아 향기는 온 동네를 돌아다닌다.

올 경자년은 정신을 차릴 겨를 없이 어수선한 날들이 봄의 시작을 알리더니 꽃이 피는지 지는지 알아차리지 못하고 지나간다. 극미의 생명체가 바깥출입을 막아서다 보니 산에서 불어오는 꽃나무의 향기도 잊고 있었다.

컴퓨터에 스며들어 데이터나 프로그램을 망가뜨리는 바이러스만 위험하다고 생각했지, 사람의 몸속에 기생하는 숙주가 되어 삶을 파괴하는 엄청난 생물체가 있다는 것을 나는 알아채지 못하고 살았다. 백신을 찾지 못하고 우왕좌왕, 온 세계가 현미경으로 보아야 겨우 볼 수 있는 작은 기생생물로 인해 난리다.

여태껏 심하다는 미세먼지 속에서도 입을 막지 않고 살았건만, 지금은 입을 막으며 눈으로는 불신을 드러내어 사람을 멀리하고 있다.

예기치 못한 것, 아주 작아서 보이지 않는 것이 적막 속으로 사람들을 밀어 넣고 있다. 이 공포가 언제 끝이 날지 아무도 모르는 상태에서 나는 눈을 뜨는 아침이 오면 이것 또한 지나가리라고 되뇌어본다. 많은 일이 생각지도 못한 곳에서 제재를 받아야 하는 삶. 그렇게 매일매일 살아야 한다는 인간의 모습이 외롭고 스산하다. 바이러스를 막는 백신이 하루빨리 나와야 한다는 인간의 마음이 조급하다.

"인간은 섬이 아니다."라는 한 구절의 말이 떠오른다. 영국 시인 존던이 묵상으로 일깨워주어 홀로 살 수 없는 인간과 인간의 관계를 생각하게 하였던 글귀가 예사롭지 않다. 이제는 우리의 생존이 걸린 환경 속에서 아주 위험한 말이 되어버린 것이다. 인간이 섬처럼 고립되어야 살 수가 있다는 논리는, 지금의 환경이 사람과 사람 사이에 거리두기가 필수라 말한다. 라일락 아래에서 바라보는 우리의 삶이 참으로 삭막하다는 생각이 들며 가슴이 허하다.

어제까지만 해도 여행 얘기를 하며 온 세계를 거리낌 없이 다니면서 공항이 터지라 모여들어 오가던 사람들은 다 어디로 갔을까. 바쁘게 걷잡을 수 없었던 삶을 살면서 세상의 구석구석을 누비던 군상을 누가 막을 수 있었을까. 바로 어제의 우리 삶이 아주 먼 것처럼 느껴진다. 눈앞에 놓인 생뚱맞은 삶이 어떻게 펼쳐질까 두려워하며 작은 몸짓으로 기도한다.

잠시 모든 생각을 내려놓고 인간만이 가진 마음의 풍요를 저버리지 않으려고 나 홀로 추억 쌓기를 해본다. 이젠 내 곁에 없는 수많은 모습이 주마등처럼 맴을 돌고 나는 나의 품으로 기어들어 오는 작은 바이러스를 열심히 쫓아내고 있다.

가뭇없이 멀리 사라진 기억을 떠올린다. 어머니와 아버지를 따라다니며 가는 곳마다 할머니들이 많이 보인다. 고사리손을 내밀면 안아주고, 먹여주고, 예뻐해 주는 할머니. 그 손에서 먹고, 그 품에서 자고, 씻고 자란 기억이 그지없다. 여기저기서 할머니들이 나를 사랑스럽게 바라보던 눈길이 선하게 떠오른다. 외할머니의 동생 외삼촌 할아버지가 살던 구포에는 참기름, 들기름 등, 기름 짜는 집이 있었다. 그곳에 가면 다정하게 나를 반겨주던 키가 작은 할머니의 따뜻한 손길도, 그 길가엔 깻잎도 지천으로 있었다. 할머니의 모습이 깻잎으로 환생한 듯 고소한 향기가 코끝에서 맴도는 그리운 기억이 아직도 생생하다.

시어머님의 회갑 잔치 때는 딸아이가 주인공이 되어 넓은 잔칫상 앞에서 이것저것 집어먹는 손녀를 예뻐하던 할머니들이 '유경아'를 수없이 불러도 지치지 않고 "네." 하며 통통 뛰며 달려가던 딸이 이젠 자기랑 똑같이 생긴 딸을 낳았으니 나도 할머니가 되었다. 그때의 할머니들이 그랬듯이 내 손녀와 손자는 물론 세상의 아이들 다 사랑스럽다. 그 사랑의 표현을 예전에 내가 받았던 만큼 할 수가 없는 지금은 참으로 안타까운 시대가 되어 아이들과 점점 멀어지고 있다. 아이가 다 자란 어른이 되어 멀어진다면 당연하리라. 그러나 우리가 사는 세상에 바이러스가 생겨나고 미세먼지가 퍼져나가는 좋지 않은 환경 속에 두려움의 불씨가 자라고 있으니 걱정이다. 할머니 할아버지들은 자손을 위해 스스로가 격리하는 환경을 만들고 있으니, 우리의 삶이 섬처럼 고립되어 덧없이 흐르고 있음에 안타깝다. 할머니의 손에서 받아먹던 음식이 꿀맛이었고, 내 머리를 쓰다듬어 주던 할아버지의 손도 따뜻하고 정겨웠던 기억이 있건만, 요사이는 음식을 만지는 할머니의 손도 머리를 쓸어주던 할아버지의 손도 바이러스만큼 위험하다고 하니 참으로 격세지감의 세월이다.

라일락 아래에서 나는 "인간과 나무가 다르지 않다."라고 한 니체의 말을 중얼거린다. 나무를 좋아하는 내게 바이러스로부터 자유로워질 수 있는 희망의 속삭임으로 들린다.

나무가 바이러스를 물리치는 백신이라면 나는 나무를 향해 구원을 청해보리라

본디 그대로

풍선처럼 둥둥 떠다니는 아이는 앞에서 다가오는 할머니가 반가워 어쩔 줄 모른다. 순간 옆에서 친구가 부르는 소리가 들린다. 홱 돌아서며 친구가 있는 곳으로 달려간다. 다섯 살이 된 손녀가 친구와 손을 잡고 통통 뛰는 모습이 환하다. 아이들의 모습을 보는 할머니 마음은 할머니가 아니다. 손녀와 또래가 된다. 친구의 손을 잡은 손녀를 보며 삐진 척한다. 나이만 먹었지, 손녀와 눈높이가 같다.

나는 손녀를 바라보며 내게도 아이와 같은 마음이 있어 눈을 맞추며 잘 놀 수가 있었구나 싶다. 인간의 잠재되어있는 여러 가지 마음을 여태 감추고 어른 놀음을 한 것이다. "모든 일의 근본은 마음이다. 마음에서 나와 마음으로 이루어진다."

경전에 담긴 구절을 되새김질하며 마음을 화두로 상념에 젖는다.

우리는 지금 마음을 바르게 갖기 어려운 세상을 살고 있는지도 모른다. 잠재된 순수한 마음을 찾아가기가 어려운가 아니면 알면서도 찾지 않으려 하나. 삶이 있는 곳에 갈등이 없는 곳이 거의 없다. 자신의 존재를 높이기 위해 많은 것을 가지려는 인간은, 더 많이 가지려고 마음의 갈등 속에서 허우적거리며 살아간다. 사람의 마음 밭을 펼쳐보면 심어놓은 것이 많기도 하다. 사랑, 돈, 명예, 우정, 일, 결혼 등등 많은 것을 마음 밭에 던져놓고 힘들어한다.

삶의 형태가 무수히 많다. 삶의 진정한 것이 무엇인가 생각해 볼 겨를도 없이 생존이 내 안으로 들이닥친다. 마음을 잘 지키며 살아야 할 여유도 없이 옆, 앞, 뒤, 위, 아래에서 마구잡이로 밀어붙인다. 눈을 감고 잠을 잘 때나 조금 내려놓을 수 있을까. 깨어있을 때는 나 자신에게도 쉬지 않고 다그친다. 따듯한 마음보다 냉철한 생각이 앞서고, 그 생각은 마음에 닿기도 전에 행동으로 이어진다. 그리고 자신을 돌아보면 저만큼 무서운 어른들과 나란히 걷고 있다.

아이가 어른이 되면 정도를 벗어나 욕망의 길을 찾아다니는 위험한 행태를 보게 된다. 욕망의 길을 찾는 사람은 항상 최고를 일등을 우선시한다. 어리석게도 최고가 되고 싶은 마음 때문에, 자신을 잃어버리고 있다는 것을 모른다.

변하기 쉬운 마음, 제어가 잘 안 되는 마음, 미혹에 빠져 보이지 않는 마음은 어른만이 가지는 마음이다. 이런 어른의 마음을 들여다보면 반란을 꾀할 필요가 있다. 인위적이고 위선적인 것이 쌓여가는 자신을 바꾸어야 한다. 아무것도 하지 않던 꾀를 모르던 아이로 돌아가야 한다.

나는 꾸미지 않는 마음이 무위라는 생각이 든다. 『노자』의 '무위자연'이라는 말이 사람들에게 밝은 마음을 주고 있음을 알았다.

내 몸은 새벽바람이 허공에서 허우적거리듯, 꿈속에서 버둥거리다 깨어난다. 무서움이 얼기설기 담긴 꿈은 무엇을 의미하는 것일까. 도무지 알 수 없는 불안한 마음이다. 기분이 서늘해진 내 마음을 꼭 끌어안고 소리 내어 경전을 읊어본다. 편안해지고 하루의 시작은 마음으로부터 행으로 전해진다.

빨래를 널다 베란다 창으로 보이는 아파트 마당의 모습이 눈으로 들어온다. 노란 어린이집 버스가 멀리서 들어오고, 버스를 기다리는 무리 속에 있는 손녀와 딸을 바라보며 따듯해지는 사랑의 마음이 느껴진다.

아이들을 향한 사랑의 마음이 곧 걸림이 없는 무위자연의 마음이리라.

봄이 그냥 가버리네

세상에나! 봄이 그렇게 가버리네.

인간의 삶이 송두리째 바뀌고 무엇이 이토록 두려움을 일으키는지? 순식간에 우리는 모든 것을 멈춘 채로 입을 막고 얼음땡 놀이 중이다.

먹이사슬의 최상위자리에 있는 인간이 우습게도 잘 보이지 않는 미세한 생명체에게 상위의 자리를 내주어야 할 위기에 빠진 것 같다.

작은 생명체로 인해 매사에 무기력해진 나에게 가장 큰 걱정은 이제 막 세상에 발돋움하는 아이들의 일상이다. 꿈을 꾸기도 하고 꿈을 비켜 가기도 하며 우물쭈물 늙어버린 노년의 봄날은 그냥 사라져버려도 아쉬움이 크진 않지만, 청춘들과 아이들의 봄날이 가버릴까 초조하고 불안한 마음이다.

　마스크가 필수가 되어 세 살배기 손자 윤우는 밖으로 나가자고 하면 마스크부터 챙기며 입을 막고 나선다. 사랑스러운 손녀 윤채의 초등학교 입학식이 사라지고 함께 뛰며 놀아야 하는 친구와는 거리를 두어야 한다니 안타까운 심정이다.

　늘 푸르게 따듯하게 성장하며 자신감을 가지고 살아야 할 청소년들이 비대면 수업으로 인해 선생님과 거리두기에 휴머니스트의 자세를 혹 잃어버릴까 노심초사다

　내가 질풍노도의 시기일 때 휴머니즘을 설명하며 지혜를 주었던 은사님이 있어 화기를 잘 다스리기도 했는데, 이젠 스승을 마주 보며 서로의 호흡을 느끼면서 깨우치던 지성의 아름다운 장이 사라지고 있어 또한 걱정이 앞선다.

　수능을 앞둔 입시생들의 모습은 어떤가, 차가운 속성을 가진 가상의 인조인간 사이보그처럼 보이고 그래서 모든 것이 낯설고 어색한 환경으로 바뀌어 가고 있다.

　나는 어렸을 때 읽었던 한 권의 책 때문에 잠깐 우울했던 기억이 있다. 14살 소녀가 유대인이라는 것 때문에 박해를 당하던 일을 고스란히 기록한 『안네의 일기』.

유대인 핍박이 시작되기 전에는 봄처럼 따사롭고 귀여운 소녀였을 안네가 쓴 일기에는 봄이라는 계절은 보이지 않았다. 게슈타포가 인질을 총살하는 만행을 보면서 유대인이 검은 구름에 쫓기는 비둘기 무리와 같다는 두려움을 쓴 일기였다. 지하 생활을 하며 뛰어오를 수 없는 위를 쳐다보는 소녀는 캄캄한 어둠 속에 갇혀있다고 울면서 길을 열어달라고 호소한다. 소녀가 겪는 절망의 날들이 혹독한 겨울이 되어 영원히 사라질 것 같지 않았다. 숨어 살아야 하는 환경 속에서 숨조차 제대로 쉬지 못하고 지하에서 생존했던 안네는 아득한 봄이 얼마나 그리웠을까.

그즈음 13살 생일을 맞은 나는 『빨강머리 앤』이라는 책을 선물 받았다. 책을 읽는 동안 고아 소녀였던 앤의 밝고 맑은 성격과 행동으로 인해 안네로부터 받았던 슬프고 두려운 마음을 위로받았던 기억이 아직도 생생하다. 산을 강을 들판을 뛰어다니며 자유를 맘껏 누리던 앤이 쉬지 않고 재잘거리던 모습이 봄날의 아지랑이처럼 즐겁게 떠오른다. 고아라는 애잔한 태생을 가진 아이의 삶이 하나도 슬프지 않은 것이 더욱 신기하였다.

그 당시에는 빨강머리를 가진 앤의 모습이 즐거워 보이고 너무나 사랑스럽게 보여 나도 고아였으면 하는 엉뚱한 생각을 하기도 했다. 돌이켜보면 자식은 부모가 키우는 것이 당연한 일이지만, 사회나 환경이 키워나가는 것에도 큰 비중이 있다는 생각이 든다. 그저 자유로운 사회가 있고 오염되지 않은 있는 그대로의 자연환경이 아이들의 성장을 위하여 도움이 되리라.

안네가 살았던 그 시절에 한 위정자의 폭정이 왜 그리도 잔인해야 했는지? 지금도 나는 가늠하기가 어렵다. 예나 지금이나 어떤 식으로든 아이들이 마음껏 뛰어놀지 못하는 사회나 주어진 환경이 삭막하여 인간의 삶을 흔들어버린다면, 앞으로 우리의 삶은 더욱 예측하기가 어려워지지 않을까 싶다.

내 마음에 담긴 봄이 사라짐은 바이러스로 인한 두려운 환경 탓일까. 아주 가까운 곳에서 인간의 삶을 송두리째 바꾸려는 생명체를 혼자서 이겨내야 하는 마음가짐에는 즐거움보다 괴로움이 더 많이 쌓여가고 있다.

요 며칠간 내 머릿속에는 거리두기라는 현실적인 말이 화두가 되어 쉼 없이 떠오르고, 종종 만나던 사람들과 조금씩 멀어지는 거리를 실감하는 날이 이어지고 있다. 잘 맺으려는 인과관계가 아등바등 오해의 소지를 남기기도 하여 소원해지고 있다.

스스로 알 수 없는 외로움의 한 단면이 되어 자연스럽게 적응이 되는 것이 더욱 두렵다. 혼자만의 고립된 삶이 별로 반갑지는 않으나 환경으로 인한 거리두기라면 외로움을 감내해야 하지 않을까 싶다. 온 세계가 팬데믹 속에서 허덕일 때 나는 온전히 혼자가 되어 더욱 공상 속으로 빠지고 있다.

유년에 만났던 소녀 안네가 깨어나고, 앤이 책에서 나와 봄이 어디에 있냐? 고 묻는다면 먼저 앤에게 네가 봄이라고 너는 봄과 함께 있어서 다행이라며 웃어줄 수 있으리라.

안네가 물어본다면 어쩌나, 머뭇거리다 울어버릴까. 감히 누가 너에게 봄을 기다려보라고 할 수 있을까. 그래도 '안네야 기다리면 언젠가는 오겠지. 봄이.'

아이들이 오래 마스크를 쓰지 않고, 오래 기다리지 않고 봄을 맞으면 참 좋겠다.

부끄러움의 부재

"에이." 하며 방으로 들어가는 남편.
방귀 소리를 내고도 천연덕스럽게 거실에서 TV를 보는 아내.
아~ 세월을 먹는다는 게 부끄러움까지 삼켜버렸네.
낯을 가리며 수줍어하던 모습이 멀어지더니, 거짓과 위선이 부끄러워하지 않고 자연스럽게 얼굴을 드러낸다. 가슴 가득 부끄러움을 담고 있던 사랑스러운 유년의 모습은 온데간데없이 사라지고 아이가 너무 빠르게 어른이 되었다.
부끄러움은 내가 사는 세상의 진실과 아름다움을 지키지 못하여 흩어지고 부서진다. 나의 민낯도 염치없이 진화한다. 담벼락이 낮았던 시절에는 사소한 일에도 수줍어하는 착한 인성을 가진 사람의 모습이 보이고, 만나는 모두의 관계가 세련되지 않고 어색해도 좋았다. 오후 4시경이 되면 집으로 향하는 골목 어귀에서 피어나는 분꽃의 향내가 수줍어하는 여인처럼 어트막하게 동네로 퍼져나간다. 노랗게 빨갛게 피어나던 자그마한 분꽃이 이제는 보이지 않는다. 드높아진 화단이 내쳐버렸나.

소박한 환경이 사라지고 거대한 건물과 높은 담을 가진 아파트가 들어선다. 담벼락 구석에서 겨우 생존하던 작은 풀꽃이 힘없이 사라지는 것이 두렵다. 개발이라는 명분을 가지고 시시때때로 땅을 파헤치는 시끄러운 일이 거침없이 일어난다. 유년에 맡았던 흙냄새도 부끄러움을 아는지 점점 멀어진다. 인간으로 인해 생겨나고 벌어지는 세상의 모든 일이 거침없이 마구잡이가 되어 자연을 망가지게 한다. 우리는 스스로 돌아보지 않아 생기는 일이 예사롭지 않다는 것을 언제쯤 알게 될까.

한 해를 보내는 어수선한 시기가 되면 사람들의 만남이 더욱 분잡스럽게 이루어진다. 묵은해에 있었던 좋지 않은 감정이나 관계를 정화하면서 새해를 맞으려고 만나서 회포를 풀기도 한다. 누구든 만나면 반가워하며 대화를 하게 된다. 그 속에는 부부, 친구, 상하관계 등 수많은 관계가 있다. 좋은 뜻으로 만났건만 삶이 벅차거나 생활에 여유가 없어지면 배려하는 마음이 사라진다. 자칫 말에 가시가 담겨 서로에게 상처를 입기도 입히기도 한다. 생각지 않았던 일이 과음으로 인해 생기기도 한다. 결국 부끄러운 모습들이 뒤엉키면 상대를 향한 말이 곱지 않아 싸움으로 이어지기도 한다. 분별하는 마음을 버리지 못해 자기의 말이 맞았다고 고집을 부리다가 싸움을 거듭하게 된다. 결국 모두가 상처받게 되고 부끄러운 자신의 모습을 보게 된다.

석가는 두 가지 깨끗한 법으로 세상이 보호된다고 말한다. '나에 대해 부끄러워하는 법'과 '타인에게 부끄러워하는 법'을 일러준다. 우리는 흔히 남에게 상처를 입히는 말이나 행동의 잘못만을 중요하게 여긴다. 나도 모르게 짧은 순간에 거친 말과 행동을 하고 나서 자신을 돌아보면 스스로 부끄러워 더욱 힘들어지는 것을 간과하게 된다. 때로는 내가 저지른 사소한 일에도, 부끄러워하는 마음이 있다면 그것이 타인의 피폐한 마음을 치유하는 선한 일을 한다는 것을 잘 모르고 있다. 우리의 마음에 부끄러움이라는 잣대가 없으면 진정한 의미의 자기 자신을 들여다보기가 어려워진다. 스스로 부끄러움을 느끼는 마음은 오염되지 않은 계곡의 물처럼 맑아야 한다. 물이 맑을수록 물속의 생명체나 물풀이 잘 보이니 아름다운 풍광을 보여준다. 누구든 자신의 모습을 돌아보면서 스스로 부끄러운 마음을 가진다면 사회의 격이 높아져 사람의 삶에 시시비비가 사라지는 좋은 환경이 되리라는 생각이다. 누가 보거나, 알거나가 중요한 것이 아니라 오롯이 자신을 돌아보는 곳에서 부끄러운 마음을 잃지 않아야 한다.

부끄러운 마음이 생겨서 그 마음 때문에 통증을 느낀다는 작가도 있다. 상대의 말뜻을 알아채지 못해 미안하게 생각하는 부끄러움은 자신의 내부에 불이 켜진 듯, 온몸이 뜨겁게 달아오르며 고통스러운 느낌이라고 한다. 상대의 마음을 이해하지 않고 무심코 뱉어버린 한마디 말이, 서로에게 상처를 준다면 그것이 곧 나의 부끄러운 민낯이 되지 않을까. 결국 나에게 부메랑이 되어 돌아올 수도 있다는 생각이 든다.

문학이 언어의 빛을 잃어가며 스러지려 한다. 비명처럼 마구잡이로 지르는 노랫말, 생각지도 못한 난전의 말을 스스럼없이 쓰는 사람의 언행이 어디로 튈지? 말과 행동이 마음을 정리하지 못하여 부끄러운 일이 비일비재하다.

나의 유년에 그토록 고귀하게 여기던 사제 간의 사이가 이토록 부끄러울 수가 있을까. 얼굴이 보이지 않는다고 용감하게 전화기를 들고 막말을 하는 사람은 내 자식의 스승에게 예를 갖지 못하고 부끄러운 행동을 하게 된다. 자기 자식의 인권만을 말하는 사람은 스승의 인권은 생각하지 않고 함부로 말을 한다. 스승도 제자도 서로 탓을 하는 모습에 부끄러워진다. 사회의 구심점에 있는 어른들이 지금 일어나는 사회현상을 부끄러워해야 하는데 그렇지 못해 안타깝다. 내게도 안타까운 모습이 남아있다. 어른이 되어버린 지금도 부끄러운 마음이 사라지지 않는다.

등록금을 마련하지 못해 휴학하곤 줄곧 어머니를 원망하던 마음이 얼마나 부끄러운지. 그 누구에게도 말하지 못했던 창피한 나의 모습이다. 왜 그때 아르바이트라도 해서 등록금을 만들지 못하고 어머니 탓을 했을까. 나 스스로 부끄러워 지금껏 가슴 밑바닥에 숨겨놓고 있다. 인간이 가진 감성 중의 하나인 부끄러움은 나의 잘못을 알려주는 유일한 내 것이기에 스스로 성찰하여 좋은 인품을 가질 기회가 되어야 한다. 부끄러움이 없어진다면 자아 성찰이 쉽지 않으리라는 생각이 든다. 아이들의 사소한 거짓이라도 스스로 부끄러움을 느끼게 일러주어야 한다. 부끄러움이 없다면 선한 생각이 사라지고 인간의 삶이 혼란스러워진다. 선한 말이나 선행이 자리하는 사회의 구성을 무시한다면 삶의 질이 나빠질 것이라는 생각이다.

 아이가 자라서 어른이 되고 옷가게에 걸린 옷이 예뻐서 사려고 가게로 들어선다. 어른 여자는 마음에 드는 옷을 입어본다. 속적삼도 벗고 속바지를 벗어도 아무렇지 않다. 새롭게 만난 새 옷을 가게에서 입어보아야 하기에. 누가 볼까 조심스러워하던 부끄러운 마음은 멀리 사라지고 염치없는 모습이 남을까 걱정이다. 어떻게 해야 사라진 부끄러움을 찾을 수 있을까? 나 스스로 나이 먹는 것을 경계해야 할 듯하다.

 문학이 부끄러움을 밝은 인성의 길로 승화시키는 역할을 해준다면 사회의 구성이 더욱 단단해지지 않을까.

아! 러시아

 톨스토이의 단편 「바보 이반 이야기」에서 이반을, 또 다른 그의 작품 속 구두장이 아내를, 『전쟁과 평화』에서 보았던 아름다운 나타샤의 모습을 떠올려본다.
 러시아의 아름다운 음악, 발레, 문학 등 글을 쓰고 춤을 추고 노래하던 그들이 부르짖던 예술의 세계가 내게 강렬하게 다가왔던 날이 있었다. 그들이 쓴 글 속에는 이념과 혁명을 위해 목숨까지 바치는 젊은 혈기를 비판하는 지성이 있으며, 가난한 사람들이 서로를 사랑하던 아름답고 순수한 작가들의 정신세계가 있었다. 그 정신을 가진 예술가들을 느껴보려고 동토의 땅을 동경했던 젊은 날이 있었다. 오래전 러시아에서는 혁명아들이 모여 떠들어대던 낡아빠진 패권주의가 있었고 이제는 그것이 쓸모가 없어지고 사라져가려는 시점에 서 있는 그들의 삶을 바라본다.

 어느 날 밤에 문득 보았던 러시아에서 온 곱고 가녀린 소녀는 남자들에게 끌려다니며 술집을 전전한다. 가난에서 벗어나려고 자기의 나라를 떠나 먹고 살길을 찾는다는 소녀의 선조들이 망친 나라의 망령들은 저 고운 아이를 하늘에서 보고 있을까. 망령은 있기나 한가? 차이콥스키의 음악에 맞추어 발레를 하며 자기 나라의 문화유산을 빛내야 할 소녀들이 잘못 살아온 선조들 때문에 술집으로 돌아다닌다. 동대문시장에서 물건을 도매로 사는 러시아 상인들, 가난을 극복하려고 열심히 살아가는 그들은 엉켜버린 삶의 자유가 주는 희망을 보았다. 그러나 지금은 그마저 허물어버리는 한 위정자 때문에 겨우 자유를 찾은 나라를 다시 제자리로 되돌려 소녀가 추구하던 것들이 더욱 나락으로 떨어지고 있다.

 자태가 곱던 하얀 목련꽃이 한 가닥씩 흩어지며 떨어져버린 나뭇잎처럼 주검을 뿌린다. 계절은 봄의 시작인데 꽃의 하얀 주검이 땅 위에서 누렇게 사라진다. 어리석은 인간의 이념과 야욕은 명분이 없는 전쟁을 일으키더니 무의미한 죽음을 만들어내고 있다. 왜 그토록 버둥거리는지. 개인의 야욕이라기에는 너무 큰 비극을 만들고 있다.

  나는 러시아의 대문호 톨스토이와 시인 푸쉬킨, 작곡가 차이콥스키를 경외하여 우러르며 바라보던 시절이 있었다. 물론 지금도 그들의 문학과 음악을 사랑하며 즐기고 있다. 기찻길 선로 바닥에 쌓여있던 백설이 흩어지던 정경이 아직도 생생하다. 러시아 시인이었던 '보리스 파스테르나크'의 소설 『닥터 지바고』를 영화로 만든 장면 곳곳이 눈으로 덮여있어 아름다웠던 기억이다. 지바고와 라라의 사랑의 결실인 딸아이가 사회주의 노동자로 전락한 모습과 지바고의 아내 토냐와 아들이 러시아를 등지고 프랑스로 떠나는 것들이 안타까운 장면이었다. 내가 보았던 모든 것이 소설과 영화에서의 풍경이었지만, 작가의 나라를 반영한 거짓이 아닌 러시아의 찐 모습이어서 느낌이 강렬하였다.

  보리스 파스테르나크는 소설 『닥터 지바고』로 1958년에 노벨 문학상 수상자가 되었으나 타의로 거부할 수밖에 없었다는 일화가 있다. 문학 창작에 사회주의 원칙이 적용되자 펜을 놓고 침묵하던 시인 파스테르나크는 다시 펜을 들고 소설을 쓰기 시작하였다고 한다. 그가 소설 『닥터 지바고』를 쓰게 된 동기는,

같은 시대를 살았던 문인과 여러 사람에게 진 삶의 빚을 갚고 싶었다고 전해진다. 러시아 혁명기를 지나면서 지식인들이 어려운 시대를 어떻게 지나왔는지를 닥터 지바고를 통해 알리고 싶어서 작가는 소설 속에 담긴 지바고의 모습에 자신의 삶을 담아내어 독자들의 공감을 불러일으켰다.

노벨상을 둘러싼 일들로 정신적, 육체적으로 많은 아픔을 겪었던 시대의 희생자 '보리스 파스테르나크'는 힘들었던 상황 속에서도 자신의 나라를 떠나지 않았으며, 러시아인이 지닌 폭넓은 인간의 따뜻한 모습을 글을 통해서 전 세계에 알리었던 작가였다. 얼어붙은 손가락과 잉크를 입김으로 녹이며 라라에게 편지를 쓰던 지바고의 모습은, 영혼의 동토에서 힘겹게 글을 쓰던 파스테르나크 자신의 모습이었으리라.

수많은 위대한 예술가들을 품은 거대한 러시아는 지금 어디로 가는지 알 수가 없다.

타인의 삶을 해치는 침략자가 있는 나라가 되어버린 러시아는 우크라이나 민족보다 더 뒤떨어진 정신세계의 나라로 낙인되어 버릴 것이다. 세상 사람들에게 훌륭한 문인과 음악가, 발레리나가 태어나고 자라난 러시아는 그들의 문화와 예술만으로도 충분히 세계 최고이며 최강인데, 패권의 욕심으로 인해 빛나는 유산과 문화를 잃어버리고 있다.

　아름다운 시 구절과 인간의 삶을 그려낸 시인과 소설가, 세계를 누비며 연주하는 수많은 교향곡, 고운 발레리나 등을 떠올리며 러시아가 평화를 사랑하여 아름다움과 질서가 빛나는 나라로 남기를 기다려본다.

4. 참 좋은 날은

    자식들을 사랑으로 키워내는 것이 효라니 그나마 조금은 위안이 되는 마음이다.
    우리에게 좋은 날은 어제와 내일이 아니다. 지금 여기서 부모님을 생각하고 고마움을 느끼는 오늘이다. 오늘이 참 좋은 날이다.

어디로 가나?
어머니의 기도
오! 나의 태양
잊어야 하는 말
작은 발표회
집으로
착각
참 좋은 날은
치사랑
한 그루 나무
해조음
거짓과 진실
좋은 바람이어라

어디로 가나?

웃음을 잃어버린 모습이다.

거울 속 포커페이스는 어머니의 껍데기를 뒤집어쓰고, 어제 영면하였다는 어머니를 바라보고 있다. 간혹 "당신 친딸인 것 맞아."라는 남편의 말에 실소하던 일이 떠올라 울 수도 없다. 많은 시간을 허송하였다는 생각 속에는 회한이 서려 있고 나는 지금 이러지도 저러지도 못하고 떠나버린 내 시간의 빈곤함에 탄식한다. 초조하다. 떠나간 어머니를 위해서 무엇을 해야 할지. 살아생전 잘하지도 못하였는데, 뒤늦게 할 것을 찾다니. 효란 말은 이미 떠난 지 오래니 불효라도 해야 하는데 아무런 구실이 없다. 마주 바라볼 수 있어야 할 상황도 핑계도 없는 내게 이젠 어머니의 그 무엇도 남겨진 것이 없다. 평소 인연 소치를 고집스럽게 말하던 어머니와의 인연은 그리 깊지 않았을까. 간극을 두고 서로에게 집착하지 않았던 둘의 삶은 외로움의 냄새가 스며 있었다.

나는 소소한 기억과 번뇌를 가슴에 담고 어머니의 삶과 죽음을 바라본다. 목을 놓으며 부르고 불러도 소리가 나오지 않는다. 파도가 보이지 않는 바다 위를 걸어가는 어머니. 소리가 없어 들리지 않는 적막이다. 사위가 깜깜하다. 바닷물이 노랗게 멍이 들어 씻어 내린 곳. 오래전 삶이 시어져 시큼하다.

음력 시월에 내 어머니 몸에서 태어난 나는, 복사꽃이 무엇인지도 모르던 아주 작던 시절이 있었다. 그때 무척이나 고왔던 어머니는 복사꽃처럼 화사하게 살고 싶어 하였고 사랑에 목말라 하였다. 그런 어머니를 바라보면서 사람들은 과연 얼마나 완벽하게 사랑을 하고, 오롯이 사랑하는 사람과 부부의 연을 맺을 수 있을까? 또 자신의 이상형과 결혼하는 사람이 얼마나 될까 의문투성이로 보이던 어른들의 스치고 지나던 모습들이 점점 내 시야에 들어오고 가슴에 닿기 시작하였다.

아버지가, 어머니와 내가 사는 부산이 아닌 멀리 울산 큰아버지 댁에 머무르는 이유를 어렴풋이 느끼던 즈음 아버지에 대한 연민이 생겨났다.

내가 사랑하는 아버지를 사랑하지 않는다는 이유로 어머니를 이해하기 힘든 존재로 생각하며 스스로 벽을 만들어 가기도 하였다. 참으로 여자가 되지 못하여 여자를 이해하지 못하던 시절이었다.

그 당시의 어머니는 나혜석처럼 신세대의 사고를 추구하면서 꿈을 꾸던 개성이 강한 여성이었다. 조선 남자들의 아내에 대한 행실을 보면서 나혜석이 기고한 글의 내용을 옳다고 주장하던 신여성이었다. "양부현부에 대한 교육은 없으면서 현모양처에 대한 교육만 강요하는 것이 부당하다."라는 내용의 글귀를 얘기하곤 했다.

아마도 신교육의 영향을 많이 받았던 어머니와 보수적이었던 아버지는 뜻이 맞지 않아 많이 삐걱거리었으리라.

어디로 가나? 어머니를 찾아보려고 나는 잠을 잔다. 오래전 감수성이 나를 지배하던 그 시절로 돌아가려고. 아버지의 영면한 모습을 보지 못함을 슬퍼하다 지쳐 잠을 자고 그 꿈속에서 아버지를 만나고 그래서 삶과 죽음의 경계를 허물어뜨리려 애를 쓰던 때가 있었다. 아버지와 손을 잡고 다니던 길 위의 어느

이층집에서 아버지를 만나고 살아있음을 기뻐하며 대화를 나누던 꿈을 꾸었다. 깨어나면 아버지가 아직도 살아있다는 착각을 환각처럼 일으키기도 했다. 아버지의 주검을 보지 못하였으니 길 위의 이층집에 아버지가 머무르고 있다고 믿고 싶었다.

장자가 나비인지, 나비가 장자인지 헤매던 장자의 꿈처럼. 꿈과 현실의 갈피를 잡지 못하고 허우적거리던 나날이었다.

그때 그날의 느낌이 행복했다고 생각하며 만나지 못해도 어머니가 어느 곳에 아직은 살아있을 것이라 믿으려 잠을 청한다. 눈을 감고 아버지를 느끼던 때처럼 환각의 상태에 빠지고 싶어 나는 안달한다. 어머니를 향한 회한이 너무 많이 쌓여서일까 잠을 자고 또 자도 어머니는 보이지 않고, 나는 참회를 하며 시간의 부재를 되돌려 보려고 애를 써 보지만 꿈속에서 만남은 이루어지지 않았다.

꿈을 버리고 거울을 본다. 거울 속에 보이는 내 모습에는 업처럼 어머니의 껍데기가 씌워져 있다. 이젠 그 업을 벗어던지고 오래전 어머니의 고운 모습을 떠올리며 눈을 감는다. 아주 먼 옛날에 노래하던 어머니의 목소리가 들려온다. 어머니가 즐겨 부르던 노래 〈봄날은 간다〉가 애잔하게 가슴을 친다. 어머니처럼 소리를 내어 부르기도 하고 노랫말을 중얼거리기도 하며 불러본다. 기억을 더듬고 노래를 부르니 꿈을 꾸지 않아도 어머니의 모습이 보인다.

어머니가 손을 내밀어주지 않고 떠나갔어도, 함께 웃지 못해도 내 기억이 살아있는 동안에는 언제나 어머니의 노랫소리와 고운 모습을 느껴볼 것 같다.

연분홍색 치마를 곱게 차려입은 어머니는 참으로 곱고 아름답다.

어머니의 기도

　스물여덟, 생일이던 음력 시월은 산을 오르기엔 은근히 추웠다.
　냇물에 손 씻기가 차가워 게으름을 피우던 딸에게 좋은 인연을 만들어주려고 어머니가 선택한 길은 남해에 있는 사찰 보리암을 향해 오르는 것이다.
　산천이 노을처럼 붉게 퍼지고 김장철임을 알려주는 보살들의 발걸음이 바쁘다. 이른 아침부터 배추 한 포기씩 머리에 이고 산을 오르는 스무 명 남짓 여인네들 모습은 장관이다. 배추를 보시하는 산길은 길게 이어지고.
　등에 배낭을 메고 오르는 어머니와 몸도 마음도 빈손인 딸은 서로 다른 꿈을 꾸며 오른다. 굳이 시집을 보내려 하는 어머니,

결혼이라는 말에 무관심인 딸은 서로의 마음을 잘 이해하지 못해 동상이몽의 마음을 안고 산사로 향한다. 아무튼 보시의 행이 이루어지는 모녀의 초행길은 두렵지 않고 풍성하다.

시집은 꼭 가야만 하나? 스스로 반문하던 질풍노도의 청춘 시절이다. 딸은 저 멀리에 있는 남해 금산까지 기도하러 가는 어머니를 이해하기 어려웠다. 어머니의 결혼생활은 마지못해 이어온 듯 보여서 그 마음이 궁금하기도 했다. 왜 그런 결혼의 굴레를 딸에게 씌우려 하는지 더더욱 알 수가 없었다.

혼란스러운 생각을 뒤로하고 어머니의 마음을 편하게 해주고 싶어서 산길이 척박하던 아득한 시절에 고행처럼 따라나선다. 걸을수록 서로를 이해하는 마음이 산의 깊이가 되어, 오르고 오르는 걸음 수만큼 쌓인다. 어쩌면 산사로 오르는 모녀의 걷는 모습은 생각과는 다르게 서로 닮아있다. 넘치지도 모자라지도 않는 한결같은 마음이 그곳에 실리어 있는 듯하다.

어머니의 고행은 힘들게 산을 오르고 허리를 굽히며 108배를 한다. 이른 새벽에 일어나 몸을 씻고 법당에서 목탁 소리에 맞추어 쉼 없이 절하는 어머니를 산사에서 새롭게 만나고 있다. 산에 오르는 동안 몸이 가벼워진 딸의 마음은 보리암으로 가는 길이 고행이 아닌 힐링의 길이 된 것인지 오르기 전과 다르게 편안하다.

높은 산사에서 어머니의 기도가 구름이 되어 떠돌다가 딸의 인연과 닿았을까. 이듬해 인연을 만나 결혼하였다. 결혼 후 삶은 그리 녹록지 않았다. 서투르고 어색한 결혼의 수레바퀴를 잘 굴리고 싶어 부지런히 발돋움한 딸의 선택은 기도였다. 기도하려고 눈을 감으면 어머니가 나타나고 그 뒤로 아버지의 쓸쓸한 모습이 보인다. 두 분을 사랑이라는 말로 잇고 싶은데, 사랑이라는 단어가 잘 어우러지지 않는다. 기도로 승화해 보려 해도 어머니의 마음을 읽을 수 없다. 어머니의 방식은 딸이 처해있는 현실의 외로움보다 꿈을 꾸듯 장래를 먼저 걱정하여 앞지르기만 하였다. 피아노와 발레를 시키며 아이가 무슨 생각을 하는지 알려고 하지 않던 어머니는 딸을 통해 당신의 꿈을 이루고 싶었을까? 시대를 앞서며 밀어붙이던 어머니의 교육열은 남편의 의견도 중요치 않았으리라. 아버지를 떠올리는 딸의 마음은 온통 안타까움으로 점철되어있다.

언제나 입을 꼭 다물고 잘 웃지 않는 표정의 아이는 생각이 없었을까. 이제야 유년의 아이 탓은 아니라고 말하는 것이 슬프다. 겨우 대학을 보낸 딸이 서울로 향하는 모습이 걱정스러웠는지, 부산 역전 마당에서 좀전에 했던 당부의 말을 되풀이하는 어머니. 오로지 딸을 위하는 마음이 가득하였으나 집착이라며 싫어했다. 어머니가 고집스럽게 살아온 길에는 사랑이 있었는데 그 사랑마저 느끼려 하지 않았다.

　모녀는 서로에게 고마워하는 마음을 가슴 깊이 담고 있으나, 그 마음을 표현하지 않는 냉정함이 너무도 닮아있어 더욱 몸서리쳐진다.

　오래된 흑백사진을 들여다본다. 웃음기가 사라진 부모의 표정이 묵묵히 살아온 일상을 보여준다. 옛사람이 다 그랬을까. 다정하게 대화하는 부부의 모습을 많이 보지 못하고 살아온 듯하다. 사진 속 어머니의 표정은 냉랭하다. 그런 모습이 내게도 있을까. 쉬이 부서져 버릴 것만 같은 두려운 신혼이었다.

　나 홀로 힘들어하던 갈등의 끝자락에서 찾은 것이 기도하는 어머니 모습이었다. 손을 모으고 좌선하던 그 모습이 참으로 경건하여 좋았다. 그 누구든 어떤 삶을 살아왔건 자식을 향한 부모의 기도는 늘 최선이며 최후의 보루가 되지 않을까. 여태 자신의 외로움만 생각하던 딸은 뒤늦게 절절하게 기도하는 어머니의 외로움을 알게 되었다.

　어머니는 자신이 하는 기도의 행을 아무도 모르게 하고 싶었는지, 모두가 잠들어 있는 까만 새벽에 염주를 들고 어렴풋이 동이 트는 마루로 향한다. 그 기도는 자연스럽게 딸의 마음에 스며들고 있었다. 어머니의 기도는 무엇이었을까. 가난해서 삶이 지겨워지고 막다른 길에 서 있을 때 기도를 손으로 잡고 무엇을 빌었을까. 지난날의 잘못된 생각이 회한으로 남지 않기를 빌었을까. 합장하며 손과 나누던 어머니의 마음을 어렴풋이 알면서도 왜 곰살갑게 다가가지 않았나. 늦게나마 천성이 그렇다는 핑계를 대어보아도 미안한 마음이 사라지지 않는다.

　결혼 후 부부의 삶을 서서히 익히고 난 딸은 생전의 어머니와 많은 말을 나누지 않았던 날들이 오롯이 회한으로 남아있다. 남편이 당신의 이상형이 아니라며 꿈을 꾸던 어머니는, 아버지가 세상을 떠난 후에 어떤 마음이었을까?

　인간은 누군가를 아무리 사랑하고, 아무리 뜻이 맞는 사람과 결혼했더라도 누구에게나 아쉽고 공허한 마음이 있다는 것을 말하고 싶다. 사랑이 부족할 때 당신의 딸은 기도하여 힘을 얻으며 살아왔다는 말을 어머니와 나누고 싶다. 특별한 날에 기도

하러 간다며 전날 목욕재계하고 쌀 한 봉지 겨우 사서 소반 위에 펼쳐놓고 티를 가려내던 모습이 그립다. 절에 가는 날이면 같이 가자며 딸의 눈치를 보던 모습도 그립다.

어머니의 기도 덕분에 좋은 인연을 만나 사랑하는 자녀를 낳고 그 아이들이 짝을 만나고, 예쁜 손녀와 손자를 만난 것이 감사하다고 마음을 전하고 싶은데 할 수가 없다. 하고 싶은 말을 마음껏 쏟아내고 싶은데 이젠 할 수가 없다.

어쩌면 인간은 자신도 모르는 사이에 스스로 한을 만들어 그 한을 가슴 깊이 끌어안으며 살고 있는지도 모르겠다. 그 어떤 한이라도 기도가 마음의 위안이 되었으면 참 좋겠다. 성모상 앞에서 무릎을 꿇고 두 손을 모으는 소녀, 노을 지는 벌판에 서서 기도하는 밀레의 〈만종〉, 친구의 성공을 기도하는 뒤러의 〈기도하는 손〉 기도하려고 모은 손이 곳곳에 있다. 인간이 가진 서늘한 한이 기도를 통해 따듯해지고 자아 성찰의 길로 들어서기에 아름다운 모습이다.

우리에게도 오래전부터 내려오는 비손이 있다. 마을로 들어서면 보이는 당나무 앞에서, 부뚜막을 지켜주는 조왕신이 있는 부엌에서, 마당 장독대 위 곳곳에서 정화수 떠 놓고 손을 모으던 기도가 있다. 그 기도는 누구나 할 수 있는 것이어서 우리 할머니의 할머니들은 겸허하게 기도하는 자세를 가진다. 가난해서, 죄를 지어서, 몸이 아파서 아무것도 할 수 없을 때 두 손을 모으는 기도는 사랑하는 사람과 자기 자신을 위해 언제 어디서나 하게 된다.

비손이 치유의 마음을 모두에게 전하는 메신저가 된다면 비록 아무것도 없는 빈손이라도, 혹여 이타심이 담긴 비손과 함께한다면 더욱 세상이 밝아지리라.

나는 입동이 가까워지면 새벽에 차가운 물로 몸을 씻고 산사에서 기도하던 어머니 마음을 본다. 자신의 기도가 딸에게 전해질 것을 그때 알았으리라.

새벽에 동 살이 서서히 오르면 두 손을 모은다. 어머니가 하던 기도의 의미가 어떤 물질보다 더 커다란 유산으로 남아있기에.

오! 나의 태양

법주사 숲길의 태양 빛은 자비롭다.

낮게 내려앉은 이른 아침의 넉넉한 햇살은 닿지 않는 곳이 없다.

저 빛의 줄기처럼 내가 언제 이토록 나를 내려놓은 적이 있었던가. 숲이 나를 돌아보게 할 즈음, 함께 숲길을 걷는 사람들의 마음이 보인다. 고요한 빛이 그들에게도 닿았는지 수련회를 시작할 때 보이던 경계의 눈빛이나 차가운 모습은 찾을 수가 없다. 어느새 도반이 되어 황토색 흙길을 도란거리며 걷고 있다.

일상의 일들이 고달프게 느꼈던 내 마음이 무색하게 여겨지는 청아한 숲길이다. 힘들고 아팠던 마음, 죽을 듯 외로웠던 마음들이 숲에서는 도무지 느껴지지 않는다. 신기하게도 한순간 마음 비움이 이렇게 편안한걸.

동 살이 다보록이 퍼지는 핑크빛 숲길, 옆 개울을 끼고 걸으니 공양간 뒤란에서 배추를 다듬는 공양주들의 모습이 보인다. 낮은 곳에서 일하는 그녀들이 무척이나 평화롭기도 하다. 이른 시간의 태양은 몸을 쪼개어 나무 사이사이에 흐르며 도반이 되어 내게 속삭인다. '이곳은 외롭지 않아.'라고.

나는 숲에서 만난 유순한 빛줄기를 바라보며 여름 내내 아스팔트 위를 뜨겁게 달구던 태양을 떠올린다. 빌딩과 자동차 사이로 쏟아지던 빛의 줄기는 오만하고 난폭하였으며 낮게 내려앉을 줄을 모르고, 아파트 벽과 지붕을 뚫고 막무가내로 들어와 견뎌내기가 어려울 지경이었다. 한여름의 열기가 너무 뜨거워 눕지도, 앉지도 못하여 나는 서서 서성거렸다. 읽으려고 집어든 책과 쓰려고 만지던 연필이 열기에 녹아버리고 밤사이 혼이 빠져버린 미라가 되어 아무것도 할 수가 없었다.

도심에서 만나는 태양 빛은 언제나 두려웠다. 그 속에서 들리던 소리는 준비되지 않은 퇴직자의 단말마 소리였으며, 노년의 외로움을 폭발시키는 술에 취한 주당들의 푸념 소리였다. 마구잡이로 쏟아지는 그들의 뜨거운 열기는 스스로 극복되지 않는 삶을 토하고 있었다. 클로즈업으로 다가오는 얼굴! 그도 그랬을까?

저녁이 되면 해가 지고 붉게 달아오르던 노을도 사라지는 것이 태양의 이치인데, 우리 집으로 들어오는 태양은 그 이치를 거부하며 열기가 식을 줄을 모른다. 귀가 시간이 늦어질수록 그는, 시간을 먹는지 술을 먹는지 알 수가 없다. 초저녁, 술자리 열기가 가속도로 붙어버리면 새벽까지 자신이 사나이임을 잊지 않으려 부단히 애를 쓴다. 쓸데없이 따라다니는 그의 혈기는 술과 어울리면 태양이 언제 뜨고, 언제 지는지를 모르고 목청만 커진다.

"나는 탱크야! 나는 사나이야! 나는, 나는… 사랑해."

술기운이 더해질수록 호기를 부려대는 그는 소란스럽고 터프한 태양이다.

"탱크 좋아하네, 탱크처럼 밀어붙이는 힘도 없으면서. 차라리 이빨 빠진 호랑이가 낫겠네. 그 고귀한 '사랑해' 단어도 맑은 정신에 못 하고 꼭 술에 빠져 흘리듯 떠벌리니 낭만도 없고 이성도 없지."

나는 속으로 비아냥거리며 젊은 날의 그를 떠올렸다. 진정 태양보다 뜨거운 열정을 가진 사람이었다. 너무 급해서 이따금 내가 정신을 못 차리기도 했지만, 사랑의 말을 굳이 표현하지 않았으나 아내를 아끼고 사랑할 줄 아는 사람이었다. 가끔 독선적인 행동이 불만이었으나 이제는 술을 이기지 못해 비틀거리는 모습이 애달프기도 하다. 더욱이 술기운을 빌어 조선 시대의 완고한 가부장임을 밝히고 싶어 하니 그것 또한 애달프다.

이래저래 고달픈 내 심정을 아는지 모르는지, 술을 먹으면 방향을 잃어버리기도 한다. 그런 날에는 이웃에 민폐가 될까 조용히 잠들기를 기다리며 집안의 전깃불을 몽땅 꺼버린다. 술 먹은 사람과 무슨 얘기를 하느냐며 피해버리는 나 때문인지, 미련 없이 가버리는 세월 탓인지 나이가 들수록 외로움을 많이 느끼는 그는 아무렴 유난하다. 취중에도 얼마나 대화가 하고 싶었으면 거리에 서 있는 가로수와 대화를 해대니, 나도 한 잔 술에 취해 남편이 하는 넋두리의 안주가 되어 노래나 불러볼까.

오! 맑은 햇빛 너 참 아름답다.
폭풍우 지난 후 너 더욱 찬란해

시원한 바람 솔솔 불어오니
하늘의 밝은 해는 비치인~다

  젊은 날 빛나던 태양을 바라보며 즐겨 부르던 노래는, 나를 인내하게 하는 힘이었다. 이젠 그 햇살이 잦아들고 있다.
  열대야로 잠을 이루지 못하는 저녁에는 잎이 드넓은 고목이 되어버린 플라타너스 아래에 앉아서 하늘을 본다. 낮에 내리던 뜨거운 열기를 머리에 이고서도 시원한 그늘을 내어주는 모습이 경이롭다. 빛의 열기가 아무리 뜨거워도 힘들고 아프다는 투정도 없이 진종일 머리 위로 쏟아지는 빛을 다 받아주며 시원한 가슴을 풀어주는 플라타너스의 넉넉함을 닮고 싶다.
  이곳 법주사 숲길이 도심에도 있다면 참 좋겠다.

잊어야 하는 말

흐릿한 날은 잿빛으로, 맑은 날에는 핑크빛으로, 안개가 자욱한 날엔 흐릿해서 잘 보이지 않는 북한산은 이른 아침 창을 열면 항상 거기에 있다. 내 시야에서 변화를 일으킬 뿐 산은 변함없이 그 자리에 그대로다.

나도 그 자리에 그대로 변함없이 있고 싶은데 수시로 변한다. 화를 내지 않겠다고 결심해도 참기가 어렵다. 오랜만에 참으로 만나기 어려운 사랑하는 친구들과 만나서 쓸데없는 논쟁에 휩싸여 오가는 말장난에 화를 내게 되고 곧바로 부끄러운 자신의 모습을 보게 된다. 마음과 일치하지 않는 말이 사람에게 상처를 입히는 것이 비일비재하다. 상대방의 말이 서투르고 어색하여, 실수를 하면 그 말이 그 사람의 전부인 양 그것으로 마음까지

판단해 버린다. 쉽게 뱉어버리는 말보다 진심 어린 마음을 더 소중히 알고, 가벼운 말 따윈 잊어야 하는데 가끔 그러지를 못하고 갈등을 겪는 부부를 보게 된다.

나도 그들도 잊고 사는 것이 많은 것 같다.

아무리 옷을 껴입어도 추운 곳이 있고, 아무리 재산을 비축하고 건강을 챙기며 많은 것을 가져도 다 가져갈 수 없는 곳으로 가고 있다는 것을 잊고 산다.

결혼한 부부들은 자신의 성혼서약이 지켜야 할 평범한 진리임을 잊어버리고 허둥대며 살고 있다. 반면에 좋아하는 색과 싫어하는 색을 찾아서 색깔을 구별하려고 한다. 그 색깔도 시간이 지나면 변한다는 것을 알면서도 잊어도 될 것을 잊지 않으려 애를 쓴다.

말의 논쟁이 판을 치며 서로를 헤집고 있다. 눈을 치켜뜨고 나는 너를 떨어뜨리겠다며 말을 앞세우는 모습이 너무 악착스러워 흉하게 보인다. 국민에게 자신들의 모습을 보이고 생각을 말하고 서로의 의견을 아우르며 타진하는 대권 후보자들의 자리가 싸우는 장소가 되었다. 오래전의 잘못들을 잊지 않고 끄집어내어 헐뜯고 있다. 말장난이 도를 넘는다. 보수건 진보건 밝은 미래의 모습은 보이지 않고 과거의 어두운 모습을 찾아내어 말로 정곡을 찌르며 잘도 헐뜯는다.

  덕이 없어 보이는 삭막한 자리다. 그곳에는 서로의 잘잘못을 따지며 싸우는 어리석은 부부의 모습도 보인다.

  내가 아는 지인은 불혹도 이순도 다 넘긴 나이까지 왔건만 결혼한 후부터 줄곧 남편이 자기를 비하한 말들을 잊지 않으려 애를 쓴다. 최고의 대학을 나온 남편은, 여고만 나온 아내를 말끝마다 무식하다, 못 배웠다, 머리가 안 돌아간다는 등 서슴없이 한 말이 아내의 가슴에 못처럼 박힌 것을 아는지 모르는지 오만한 버릇이 고쳐지지 않는다. 남편의 그런 만행을 잘 참아왔건만 나이가 들수록 참아지지 않는다는 아내는 이혼이라도 불사하겠다니 작은 증오의 대상이 복수의 대상이 되어버렸다.

  나는 그 부부를 보며 새삼 말이 무섭다는 생각이 들었다. 아내를 미워하는 것처럼 보이지 않는 그 남자의 성정은 누구에게나 말을 심하게 하며 그렇게 대했는데, 가장 가까운 사람이 그의 말에 상처를 많이 받은 것이라는 생각을 하니 안타까운 마음이 들었다.

  젊은 시절 자신의 사려 깊지 못한 무심한 말들을 가슴에 칼

날처럼 꽂으면서 살아온 아내의 마음을 헤아리지 못하여 나이가 들수록 외로워지는 남편. 그런 남편의 타고난 성품을 이해하려 하지 않는 아내는 남편이 뱉은 수많은 말 중에 자신에게 상처가 되어있는 말들만 골라서 소의 위처럼 되새김질하고 있으니….

생각 없이 버릇처럼 우리가 뱉어버린 말. 그저 산이고, 바다며, 꽃이고, 최고라고 하는 그 모두는 사물과 생각을 일컫는 말[言詞]일 뿐 결코 그 말이 사물, 생각 그 자체가 아님을 알아야 한다.

과연 우리는 얼마나 산을 바다를 알고 말하는 걸까? 최고가 무얼 의미하는 걸까. 또 얼마만큼이 최저일까. 그것들은 단지 입에서 나와 사라지는 언어임을 알고 우리는 그 언어의 장난에 흔들리지 말고 사람을 느껴야 한다.

결혼 후에도 성혼서약 때처럼 초심을 잃지 않아야 하는데 우리는 그러질 못한다. 조금 알고, 조금 젖어 들고, 조금 심취하면 다 아는 것처럼 말을 앞세운 자기주장만으로 내 인생관과 내 종교관만이 옳고 타당하다고 하며 좋아하는 색, 싫어하는 색을 분별하려고 우격다짐한다. 부끄러운 모습들이다. 몰라서 지나쳐버릴 수 있었던 그때의 단순한 마음이 얼마나 아름답고 그리운지. "알면 다친다."라는 속어처럼 들리던 말이 예사로운 말이 아니었구나 싶다.

말이 난무하여 서로의 마음을 잊기 쉬운 세상에 살고 있다. 지인을 보며 나를 돌아본다. 결혼 때 맹세하였던 말과 주례의 말 그 말은 잊어도 그때 간직했던 마음은 잊지 않아야겠다.

술을 먹고 거칠게 떠들다 잠이 든 남편의 모습을 본다. 그도 나처럼 나의 보기 싫은 모습을 많이 참아 주었구나 싶다.

지금 내가 보는 산은 예전 그대로인데 다만 봄이 아닌 백설의 겨울이 와 있다.

작은 발표회

　어설프게 모인 합창단원들이 호스피스 병동 앞에서 합창한다. TV프로에서 모집한 70명가량의 어른과 아이, 남녀를 합창단으로 구성해 금난새 선생의 지휘 아래 펼쳐지는 음악의 향연이다. 그들이 처음 모여 들려준 합창곡에는 블랙홀이 곳곳에 있어 도무지 가사조차 알아들을 수 없어 잘될 것 같지 않아 보였는데, 잠깐 사이에 익힌 노랫말에 좋은 소리를 들려주며 발표회를 열었다.

　절대음감을 가진 지휘자의 귀는 날카롭다. 각자 정해진 파트에서 열심히 소리를 내건만, 어딘가 누구의 소리가 어우러지지 않고 튄다. 소리가 곱지 않다. 지휘자는 그것을 끄집어내어 수정하며 고운 소리를 일깨워 만들어 낸다. 그래도 뒤죽박죽 잘되지 않아 합창대회 날까지 갈 길이 까마득하다. 개성이 다른 소리를 모아 언제 제대로 된 하나의 소리로 만들어 낼까.

 기우였다. 반복연습을 한 소리는 하나로 모여지고 병원 복도에서 울려 퍼지며 환자와 가족, 호스피스 모두의 가슴을 따뜻하게 적시고 있다. 처음 시작할 때 또렷하지 않던 소리가 도무지 알 수 없는 웅얼거림처럼 들리던 것이 어느새 노랫말 하나하나에 뜻과 정서를 담아서 사람들에게 전달하고 있다. 옆 사람이 내는 소리와도 잘 어우러져 서두의 감동적인 소절이 시작되고, 둘째 소절도 연습과 퇴고를 반복하여 어느덧 소리는 하나가 되어 아름다움을 담고 있다.

 지휘봉을 든 지휘자가 만들어 내는 연주는 또 다른 창작작품이다. 똑같은 가사, 멜로디가 그 손끝의 움직임에 따라서 내는 소리의 느낌이 달라지기 때문에 늘 새로운 감동을 준다. 아름다운 소리를 만들어 내고 싶어 지휘봉을 든다. 내 합창단의 단원 수는 무궁무진이다. 내가 뽑은 단어에 파트를 정해서 넣는다. 저 어여쁜 아이는 미성을 가졌구나. 소프라노로 할까, 알토로 할까, 메조소프라노로 할까, 고음이 좋으니 소프라노구나. 요놈은 말소리가 묵직해서 베이스 파트에 넣고 싶은데 노래를 들어

보니 테너구나. 파트 별로 뽑아놓고 지휘한다. 내가 쓰는 단어들이 합창단원들처럼 자기만의 개성을 갖고 있다. 나는 그것을 크게, 작게, 여리기를 잘 조절하여 적재적소에 맞게 쓰이기를 바라며 내 글을 지휘하고 있다.

언제나 써보는 글이지만, 내 글은 붓이 잘 나가지를 못하여 능숙하게 쓰지 못하고 얼기설기 어설프기 짝이 없다. 그러나 나는 글을 쓰면서 내가 내는 소리에 잔꾀를 부리지 않는다. 아무리 소리에 기교를 부려도 진솔한 마음이 없다면 감동도 없으리라는 생각이 들어 나를 돌아보며 다시 글을 살핀다.

상상의 나래를 펼치는 내 지휘봉은 매주 작은 발표회에 동참한다. 우리의 발표회장은 매우 조촐하다. 많지 않은 연주자들이 언제나 같은 모습으로 모여 서로의 소리를 들으며 감성을 일깨워가며 다독인다.

우리의 발표회 중심에는 글의 소리에 절대음감이 아닌 절대언감을 가진 선생님도 함께한다. 매주 열리는 발표회는 아주 작은 소리를 내지만, 호스피스 병동의 복도를 울리던 따듯한 소리를 만들고 싶어 오늘도 반복연습을 한다.

집으로

 그래도 해야 한다. 우리는 모두가 다 흙으로 가버린다고 해도 서로 사랑하고 인내해야 한다. 일찌감치 지니고 있었던 곱디곱던 내 마음이 차츰 시들어가고, 점점 곱지 않은 울화 속으로 희석되어 가는 것을 부쩍 느낀다.

 아파트 뒤뜰에서 흩어진 단풍잎을 하나씩 주워 차곡차곡 손바닥에 쌓으며 화난 마음을 추슬러본다. "세상에 일방통행이 어디 있어, 가고 오고 해야지." 혼잣말로 중얼거리며 변하지 않는 그를 상대로 생각의 머리를 잡고 놓치지 못한다. 이만큼 살았으면 지금쯤은 같은 방향으로 의기투합할 때도 되지 않았나 싶어 울화가 치밀어 오른다. 항상 나만 참고 맞추어 주었지. 생각할수록 억울해서 무슨 결단이라도 내려야지 하고 식식거리며 집을 나왔으나 갈 곳이 딱히 없다. 고작 사람 발길이 뜸한 아파트 뒷길에서 위로를 받는 신세가 되고 보니 고추씨보다 더 약이 오른다. 잔뜩 약 오른 마음을 비우자며 땅 위에 흩어져 있는 단풍을 집어 든다.

손바닥처럼 생긴 단풍잎을 보며 붉은색이 참 예쁘다. 그동안 이런 고운 색을 나는 왜 가까이 두지 않았을까? 단풍의 고운 색깔에 매료되어 한참을 바라보고 있으니 느닷없이 신혼 때 입으려고 샀다가 한 번도 제대로 입어보지 못하고 버렸던 짙은 붉은색 홈웨어가 생각났다.

붉은색 립스틱 짙게 바르고 빨간 홈웨어를 입고 퇴근하는 남편에게 "어서 오세요."라며 반겼더니 "술집 차렸어?" 버럭 소리를 지르는 바람에 무안하고 황당했던 날이 떠오른다. 알고 보니 빨간색을 질색하는 그였다.

사주에는 불(火)이 둘이나 있다는 사람이…. 어찌 되었든 그 뒤로는 옷, 신발, 립스틱 심지어 속옷도 붉은색으로 아예 사질 않았다. 당연히 그가 싫어하는 것은 내게도 금기였기에.

처녀 때는 착한 딸, 결혼 후에는 좋은 아내로 살아왔건만 그런 것이, 나를 얼마나 위협하고 아프게 하는 것인지를 뒤늦게 알게 되었다. 무조건 '예'만 하던 내가 어느 날 '노'라고 하니 모두가 놀라며 옛날의 딸이 예전의 아내가 아니라며 의아해한다. 그때는 모두가 미쁘게 생각하던 나의 모습이 나 스스로 좋아서 거리낌 없이 '예'라고 했건만 이제 와선 '아니오' '이건 이렇고 저건 저렇소'라며 말도 사고도 분별하는 마음으로 꽉 차서, 삶 자체가 벅찬 날이 많아졌다.

언제나 그를 위해 이렇게 저렇게 맞추어 왔건만 그는 지금껏 변하지도 양보하지도 않고 있는 것 같다. 왜 그대로인지 나만 다가가서 자기 입맛에 길들어지기를 원하며 언제 어디서나 너는 나를 따라와야 한다는 식이었다.

오래도록 길들어진 마음의 무게가 쉬이 가벼워질 수가 있을까. 어쩌면 내가 자초한 일인지도 모르겠다며 자책을 할 때도 있다.

가끔 이런 내 모습이 지치고 답답하게 느껴질 때 나는 선지식을 찾게 된다. 선지식의 한결같은 말은 상대를 나처럼 바꾸려 말고 내가 바뀌고 또 바뀌면 자연히 상대도 바뀌게 된다고 매번 듣는 덕담에 담긴 말은 언제나 같은 의미였다.

선지식의 말을 항상 머릿속에 담고 있건만, 이따금 나의 분별심이 나를 어리석게 만들고 있지 않나 생각을 하게 된다. 언제까지 나만 참으라고….

생각의 꼬리를 놓아버리려고 손바닥 위에 올려놓은 단풍잎을 하나씩 살핀다. 똑같이 생긴 것을 찾아보려고 이것저것 펼치며 보아도 같은 놈은 하나도 없다.

우리의 모습도 그러려니 하며 일어서서 발걸음을 집으로 향한다.

착각

　속물이라며 어릴 때도 멀리하던 외적 미를 새삼 추구하는 여자는 뒤늦게 낭만적이며 사랑스럽기를 갈구한다.
　처녀 때는 거추장스럽다며 귀밑에서 조금만 내려와도 자르던 머리를 새삼 소중하게 기르고 있다. 드라마 속 주인공의 사랑을 받는 여배우는 머리를 찰랑거리며 사랑스럽게 보이려 한다. 그 여배우 흉내를 내며 착각하는 여자는 자기 얼굴의 주름이 싫어 자꾸 문지른다. 혹자는 그럴 수도 있다고 생각하는 일들이 참으로 한심하다고 여기며 스스로 들여다본다.
　얼마나 착각하고 살아야 인간적으로 보일까.
　남녀가 뒤엉켜 살아야 하는 결혼이 폭넓은 인간이 되기 위함인지 잘 모르지만, 적령기를 따지며 결혼이라는 굴레 속으로 가려 한다. 어느 시인은 봄이 찬란한 슬픔이라고 하지 않던가. 사람들은 결혼이 찬란한 슬픔이 될 수 있음을 모른 채 착각 속에서 인간답게 살기를 기원하며 결혼을 한다. 여자 또한 인간으로 해야 할 최선의 길이 시집가는 일이라 결혼을 원하고 있다.

여자가 택일을 고르고 정하여 결혼을 학수고대하던 날. 새색시의 올림머리를 위해 어울리지 않던 파마를 하게 되고, 숱이 많던 머리는 더욱 큰 얼굴이 되었다. 평소 얼굴이 커서 사진찍기를 싫어하던 여자는 더욱 거울 보기가 싫어졌다, 여성의 비주얼에 관심이 많은 남자는 파마한 여자의 모습이 싫다며 며칠 남지 않은 결혼을 앞두고 파혼을 통보했고 여자는 실패한 파마 머리 때문에 펑펑 울었다. 한참 울던 여자는 오기가 생겨 결혼을 멈출 수가 없었다. 자칫하면 시집 못 간 처녀 귀신이 될 텐데 걱정이 되었다. 그깟 자존심이 대수인가 일단 시집은 가야지. 사람이 인간답게 살려면 결혼을 해야 한다는 것이 가장 큰 요건이라는 생각이 지배하던 시대가 있고 그런 결혼이 최선이라는 것은 인간이 가진 가장 큰 약점이기도 하였다.

잘난 자존심을 팽개칠 만큼 그때는 왜? 그리도 남자가 멋져 보였는지 파혼 통보를 받고 오기가 생겼다. 꼭 너랑 결혼해서 지금의 판도를 바꾸어 놓겠다. 나중에 늙으면 남자가 여자를 더 좋아하게 될 것이라는 황당한 생각을 하기도 했다. 결국 친정어머니를 앞세워 결혼은 성사가 되었지만, 그때의 오기가 참으로 파란만장한 미래가 될 줄은 미처 몰랐다.

여자보다 인간으로 사는 것에 더 많이 비중을 두었던 여자는 결혼 후 여자로 사는 것이 어떤 것인지를 잘 알지 못해 우왕좌왕 정신없이 살았다. 인간의 삶을 살면 당연히 여자의 삶도 잘 사는 것이라는 생각이 착각이었음을 한참을 지나고 알았다. 세상의 남자가 다 그런 것인지 아닌지는 모르지만, 이 남자는 오로지 남자는 사나이고 여자는 춘향이어야 한다는 묘하고 단순무식한 논리를 갖고 있었다.

정확히 저녁 7시가 되면 퇴근한 남자를 위해 밥상이 차려져 있어야 한다. 식사 시간을 준수해야 하고 고슬고슬하게 지은 따뜻한 밥과 시원한 국, 잘 익은 김치와 맛있게 만들어 내는 반찬이 따라야 한다. 시집살이가 오기만으로 해결되는 것이 아니다. 사근사근한 미모, 타고난 음식솜씨, 여우의 꼬리가 삼위일체가 되어야 한다. 미모도 솜씨도 여우 꼬리도 없어 남자에게 사랑받을 수 있는 것이라고는 눈 씻고 봐도 없는 여자는, 결혼 전에

한 파마머리가 풀리지 않아 머리를 쥐어뜯으며 서러운 신혼을 보낸다. 오기라는 단어도 같이 보내버린 여자의 결혼생활은 그야말로 착각의 연속이었다.

사나이를 고집하는 남자가 흘리는 기류 속에는 알코올이 가장 큰 힘을 가지고 있다. 술이 없으면 사는 재미가 없다는 남자와 술이 없는 나라에서 살고 싶은 여자는 매일 삐걱거린다. 여자는 넋두리해 보지만 때는 늦었고 착각이 필요했다. 착각하지 않고 보이는 대로 산다면 희망이 절망이 될 것 같다는 생각이 들어 착각을 멈출 수가 없었다.

여자의 심정은 아랑곳하지 않는 남자는, 알코올의 강도가 세지면 착각이 도를 넘어 말이 많아지고 노래까지 가세한다. 각종 단어가 종류별로 남발하다가 술이 힘을 점점 발휘하면 미끄러지듯 큰소리로 〈집시여인〉이란 유행가를 부른다. 더욱 가관인 것은, 여자의 행태다. 자기가 집시여인이 된 것처럼 폭이 너른 집시치마를 입고 다닌다. 어느새 자신이 집시여인과 닮았다고 착각하며 자기에게 푹 빠져들고 있다. 클래식을 즐기는 여자는 사라사테의 바이올린 연주로 집시의 춤을 들으며 착각이 주는 행복에 젖는다. 남자의 유행가와 여자의 클래식이 주는 어울림이 묘한 기류를 흘리고 두 사람은 서로를 이해하기 힘들어하면서 그래도 잘 맞춘다.

아! 인생사 찬란한 슬픔의 결혼이 다람쥐 쳇바퀴 돌아가듯 돌고 또 돈다.

착각의 중심에 있는 남자와 여자는 자신들이 좋아하는 것만 말하고, 자기의 느낌만으로 대화한다. 서로가 착각이라고 말하거나 싫다고 하지 않는 한 모르는 척 살아간다. 착각이라는 것이 서로에게 기분 좋은 것이 된다면 그것으로도 족하지 않을까 싶다. 남자는 여자가 머리를 기르고 있는지 자르는지 말하지 않으면 잘 모른다. 단지 여자 혼자 착각하며 누가 어떻게 볼까 할 뿐.

짙은 보랏빛 옷을 입고 거리를 걸으면 모두의 시선이 여자를 바라보며 '저 여자 좀 봐. 보라색이 너무 어울려 아름다워.' 아직도 여자의 착각은 진행 중이다.

참 좋은 날은

2020년 윤사월이 참으로 후텁지근하다.

산 중턱에서 파묘가 진행되고 있다. 형제 다섯의 의견이 분분하여 몇 년간 답을 찾지 못하고 해를 묵히던 일이 윤사월 보름 날 진행하게 되어 참으로 다행스럽다는 생각이 든다. 아마도 모두의 마음에 부모님의 묘소를 정리하는 일이 아쉽고 서운함이 남아있어서 필경 무엇인가 누르고 있었을 게다. 이른 시간이 지나고 낮이 되니 조금씩 더워지려 하는 날인데도 서늘한 느낌에 불효한 마음이 깃든다.

잡풀이 초가지붕 높이만큼 솟아 올라와 앞이 보이지 않는 산등성이다. 곳곳에 가시가 박힌 작은 나무들이 산으로 오르는 길을 가로막고 있어 손으로 헤치며 산소가 있는 언덕에 오르고 나서 삼배를 한다. 그래도 다행인 것은, 파란 하늘이 지척이어서 시부모님이 천도하기 참 좋은 날이다.

눈이 오면 길이 미끄러워, 더울 때는 모기떼 극성을 핑계로 자주 오르지 못한 죄스러운 마음이 비로소 든다. 속죄하는 마음으로 훨훨 좋은 곳으로 가시길 빌어보지만, 큰 의식도 없이 조촐하게 보내드리는 마음 한구석이 허전하다.

「제망매가」를 쓴 월명사 스님은 누이의 죽음을 슬퍼하며 애끓는 마음을 천도의 기도로 승화시켰다고 하니, 부모님을 향한 『금강경』 수지독송은 더더욱 절절하다.

잠깐 '쿵'하는 마음의 소리를 듣고 있으니 부모님의 유골은 흙이 되어 사라지고, 혼만 남아 가족들의 가슴속으로 스며든다.

파묘를 하는 풍경과 땅 위에 있는 유골이 아련히 멀어진다. 유골 조각 하나가 아버님이고 또 조각 하나가 어머님이라 생각하며 자손들이 사진으로 남긴다. 한참 바라보다 사진이 무슨 소용이어라. 바로 앞에 주검이 보여도 어찌하지 못하는데. 죽음을 껴안고 살아가는 인간의 무기력함이 무상으로 펼쳐지고 있는 산하다.

그리스신화에는 불가사의한 이야기가 참으로 많다. 신의 우두

머리인 제우스의 아들 탄탈로스가 자기 자식을 음식으로 만들어 만찬을 베푼다. 손자를 죽인 아들에게 화가 난 제우스 신은 아들을 벌주고 죽은 손자의 몸을 붙여서 다시 육신을 살려낸다. 재미로 보는 신화인데, 정말 신들은 그럴 수도 있으리라는 생각을 해본다.

한낱, 인간의 주검은 가뭇없이 사라져버리고 그 존재의 흔적조차 볼 수가 없다.

시부모님의 모든 흔적이 다 사라지는 이곳에서 나의 기억은 오히려 생생하다. 오래전 기억과 가까이에 남겨진 기억을 꺼내어 하나씩 세워놓고 더듬어 본다.

일찍 영면하신 아버님 기억은 조금만 가물거리는데, 꼬리에 꼬리를 물고 떠오르는 어머님의 기억은 오래되지 않아서 또렷하다. 오이 백 개가 한 접인데 그토록 무거운 오이 한 접을 머리에 이고 우리 집까지 오셔서 오이지를 담아 주시던 어머님. 난생처음 오이지를 먹으며, 이렇게 맛있는 음식이 있다니! 하찮게 여겼던 오이의 맛에 감동하던 그해 여름에는 오이지만 먹었던 기억이 아직도 생생하다.

남편의 박봉으로 생활하기에 적은 돈이었지만 어머님의 손끝에서 알뜰하게 아이들 백일잔치를 준비할 때가 있었다. 찰수수를 손으로 익반죽하여 팥 삶아 수수팥떡을 빚어주며, 당신 며느리가 아무것도 할 줄 모른다고 지금은 돌아가신 '샘말' 이모님까지 불러서 잡채랑 나물을 해서 백일 상을 차려 주던 어머님, 언제나 어머님이 담근 나박김치를 비롯한 깍두기, 배추김치, 동치미는 최고의 맛이었다.

어머님이 나에게 베풀었던 많은 사랑이 있었으나 음식으로 만난 어머님의 사랑은 얼마나 맛나던지. 고맙고 고마운 어머님의 사랑을 느낄 수 있는 기억을 되새김질하는 날, 이보다 더 아름다운 날이 어디에 있으랴.

어머님이 영면한 후, 살아생전에 잘해드리지 못한 마음이 아쉬워 '시다림(尸陀林)' 봉사를 하던 일이 떠오른다. 사찰에서 보시하는 사람이나 보시받는 사람 모두에게 생사의 법을 묻는 '시다림'이다. 수년을 병원 영안실을 찾아다니며 영가의 천도를 발원하며 경을 읊는 시간이 어머님의 천도를 위한 것이라 여겼는데 그것이 아니었다. 결국 자손을 위해 복을 짓기를 도와준 어머님의 사랑이었다.

집안에 대소사가 있는 날은 어머님의 즐거움이 풍선 되어 둥

둥 떠다니고 있었다. 가만히 앉아서 기다리지 않고 대문 안팎으로 다니며 자손들 기다리는 일이 다반사였다. 그런 어머님에게 "왜 나와서 기다리냐."고 했던 말이 참으로 헛된 말이라는 걸 깨닫기까지 오래 걸렸다. 내가 자식을 낳고 그 아이들이 분가한 후 기다림이 이런 즐거움이었구나. 어머님의 마음을 느끼기에 기나긴 세월이었다.

우리에게는 수많은 기다림이 있다. 사랑하는 사람을 기다리는 연인이, 남편을 기다리다 망부석이 되어버린 아내가 있다. '솔베이지'의 기다림이 노래가 되어 많은 사람에게 회자가 된 그리움 속의 기다림이 있다. 때로는 슬픈 기다림이 비극이 되어 인간의 삶을 망가뜨리기도 한다. 그러나 자식을 향한 기다림은 희망과 즐거움이다. 희망과 사랑을 놓치지 않고 탕아를 기다리는 것도 부모님이 유일하다. 어떤 모습의 자식이든 자식을 기다리는 부모는 오랜 수많은 기다림의 날들이 있어도 지치지 않고 그저 기다릴 뿐이다.

유가의 가르침에는 부모가 자식에게 베푸는 사랑도 효라고 밝힌 바가 있다.

유가에서는 신체를 상하게 하지 않는 것이 효의 시작이고, 몸을 세우고 도를 행함으로써 세상에 이름을 내고 부모를 드러내는 것이 효의 마지막이라고 가르친다.

곽재우 장군의 아버지 '정재 곽월'은 셋째 아들 곽재우를 잘 가르쳐서 세상에 나아가 이름을 떨쳤고 이로 말미암아 곽재우는 조정으로부터 부·조·증조 3대에 걸친 나라에서 베풀어 주는 은혜를 받는 가문이 되었다. 곽월은 자신이 잘 가르친 아들 곽재우 덕에 자신은 물론 부모·조부모까지 세상에 이름이 나고 벼슬이 더해졌다. 자식을 사랑으로 잘 키워낸 덕을 받아, 효도하게 되어 큰 의미로 세상에 본보기가 되었다. 이러한 연유로 유가에서는 자식에 대한 사랑 역시 효라고 가르치는 것이다.

자식들을 사랑으로 키워내는 것이 효라니 그나마 조금은 위안이 되는 마음이다.

우리에게 좋은 날은 어제와 내일이 아니다. 지금 여기서 부모님을 생각하고 고마움을 느끼는 오늘이다. 오늘이 참 좋은 날이다.

치사랑

천변 북쪽 길을 따라 걸어간다.

도란거리는 풀꽃 옆으로 중랑천의 물이 잔잔하게 흐른다. 흐르는 물속으로 얕은 계단이 보인다. 물이 계단을 타고 내려오다 지치는지 물거품을 일으킨다. 물속에 계단을 왜 만들었는지 그곳에 연어가 튀어 오르는 곳이 아닌데, 알 수는 없으나 그저 불필요하게 보이는 계단이지만 물의 흐름을 한번은 위로 보내려는 속셈이 있을까.

물은 넓게 퍼지며 내려간다. 물길이 닿지 않는 곳이 없다. 열심히 흘러내리는 물을 향해 게으르다고 말할 수 없으며, 누구라도 힘차게 내려가는 그 물의 힘을 막을 수는 없을 것이다. 끊임없이 내려가는 물의 흐름에 사랑이 넘쳐난다. 자신의 몸이 닿는 모두를 어루만지며 속살거린다.

물속에 잠겨있는 자디잔 돌도, 아주 작은 움직임이 보이는 생물도, 천변 끝에서 자라는 물풀도 두 팔을 벌려 사랑을 주기만 하고 끝없이 흘러간다. 천변의 물은 자신이 태어난 곳도, 낳아 준 부모도 잊은 채 사랑을 아래로 내려보낸다. 물은 서두르지 않고 천변을 떠도는 물살에 자신을 맡기고 순리대로 강으로 바다로 간다. 가슴에 담고 있는 치사랑은 물길을 따라가다 사라져 버린다.

물은 내리사랑 속으로 빠져든다.

"내리사랑은 있어도 치사랑은 없다." 오래전에 들었던 말에 반기라도 들고 싶은지 물은 다시 계단을 만들어 어머니를 향해 오르려고 버둥거린다.

물이 계단을 딛고 위로 거슬러 오른다. 오르는 물은 내려갈 때의 수월함이 없어 숨차게 오른다. 내려갈 때처럼 두 팔을 펴고 치사랑을 펼치려고 애를 쓴다. 태어난 곳이 산인 것을 알고 있는 물은 자신의 줄기를 타고 산으로 향한다. 자연을 거스르며 고집스럽게 오르는 물은 오르기만 하면 그곳에 멈추리라 다짐한다. 물이 오르는 모습을 보며 천변 옆으로 길게 피어있는 풀꽃이 손뼉을 치며 응원하고 있다.

산에 다다른 물은 숨을 고르고 멈추어 그 자리에 서 보려 하지만 곧바로 떠밀려 내려간다. 치사랑의 보자기를 풀어 볼 잠깐의 시간조차 없이 아래로 향하고 있다. 물은 왜 내려가기만 하고 오르지는 못할까. 우리는 왜 치사랑이 아닌 내리사랑에 목을 매고 살아가나.

인간은, 사람이 사람을 사랑하는 것도 어디가 먼저고 어디가 나중인지를 따지는 몹쓸 생각을 하게 된다. 내리사랑 운운하며 함께 모시던 부모가 늙어버리면 그 치사랑도 늙어버린다. 치사랑이 힘을 잃어버리면 요양원이나 병원으로 옮기는 일이 다반사다. 누군들 좋아서 하는 일은 아니건만, 왜 우리네 삶이 그런 방향으로 흐르는지….

늙으면 왜 귀찮은 존재가 되어버릴까. 그렇게 되지 않으려 하지만, 늙음과 젊음에 대한 편견이 있는 한 서로를 향한 경계가 사라지지 않을 것이다. 사고의 차이가 만들어가는 삶의 삐걱거리던 소리는, 고운 향기를 가진 소리가 되어 마음을 바꾸어간다면 참 좋겠다는 생각이 스친다.

천변의 물이 어머니를 만나고 싶었으나 오르지 못하고 멈추어 선다. 고집스럽게 올라가려 하지만 산에서 내려오는 물줄기를 막지 못하고 그대로 물의 흐름은 이어간다. 높디높은 메가 있는 곳에는 잊히어가는 내 어머니의 어머니가 있고, 줄기를 타고 내려오는 그곳에는 사랑이 가득하다. 물이 흐르는 곳에서 사랑은 참으로 넓고도 너르게 내려간다.

오르려고 애를 써도 오르지 못하는 너른 천변에서, 어렵게 내려놓고 바라보는 물의 흐름은 버거워하던 계단을 씩씩하게 잘도 내려간다.

오르지 못해 버둥거리던 나의 내리사랑도 하염없이 아래로 흘러간다.

한 그루 나무

달포 내내 비가 오다 말다 하더니 기어이 세찬 바람까지 동반한다.

삼월 하순의 비바람이 삶과 죽음의 회귀를 재촉하지만 그래도 나무는 유월이 오면 신록으로 그늘을 넓히며 뜨거운 삶을 보듬어간다.

천안함이 두 동강이 되며 물속으로 가라앉던 날, 초봄의 바람은 한겨울 바람보다 더 매섭게 살을 파고들었다. 계속 내리던 비바람은 멈춤이 없이 질기게 내리고 물속에 가라앉은 젊은 병사들의 시신을 찾는 일이 더디어 애를 태우던 가족들은 시간을 되돌리려 절규한다.

나는 전쟁터가 아닌 곳에서 순식간에 일어난 삶과 죽음의 뒤엉김을 바라보며 1950년 유월에 일어난 한국전쟁의 참상은 어느 정도였을까 생각해 본다.

일요일 아침에 일어난 전쟁은 막 민주주의의 시작이었던 작은 나라를 깡그리 쓸어 반으로 갈라지게 하는 신호탄이었다. 왜? 피를 흘리며 싸우는지 명분이 뚜렷하지 않은 형제간의 싸움은 인간의 본성이 얼마나 어리석은지를 보여주는 모습이다. 결국 이 땅에서 이루어진 전쟁은 우리 민족의 수치가 되고 가족이 반 토막으로 나누어져서 피눈물을 흘리며 살아야 하는 모습을 오랫동안 보고 있다.

가랑비가 내리던 날, 그 전쟁의 한가운데 서 있었던 80세 노병은 한국전쟁의 산증인이 되어 우리에게 그때를 일깨워준다. 또렷한 눈망울로 전우들을 말한다. 폐허 속에서 만나 함께 싸우다 죽은 전우들과 두렵고 외로웠던 순간을 함께한 전우를 말하며 지금의 대한민국이 반석에 오른 것은 살아 있는 당신이 아닌, 죽은 전우들의 희생으로 돌리고 있다. 노병의 증언은 천안함으로 이어지며, 물속의 아비규환은 아직 끝나지 않은 또 다른 한국전쟁이며 그들의 죽음은 단순한 죽음이 아닌 국가와 민족을 위한 희생이었음을 말해준다.

노병의 절절한 증언을 들으면서 나는 내게 담겨있는 전쟁의 의미가 책이나 영화에서 접했던 낭만과 사랑의 모습만으로 기억되고 있음이 부끄러웠다.

스페인 내란 속에서 그려진 남녀 간의 사랑을 영화로 만든 헤밍웨이의 소설『누구를 위하여 좋은 울리나』속 주인공 마리아와 로베르토, 그 두 사람의 이별이 안타까워 마음 아파했다. 톨스토이의 소설『전쟁과 평화』에서 나타샤가 겪는 사랑의 아픔만 보고 슬프다고 느낀 나의 감성은 사치였다. 전쟁으로 인한 수많은 사람의 참상은 실감하지 못하고 그저 그런 전시의 이야기만으로 스치듯 지나쳐버렸다.

아프리카의 모잠비크보다 더 가난했던 대한민국에서 불확실한 시대에 미래를 예측할 수 없었던 1950년 유월에 남의 나라를 위해 청춘을 바쳤던 유엔 참전 용사의 한마디 말이 깊은 울림으로 다가왔다. 파란 눈의 노병은 "그 당시 민주주의의 걸음마를 시작했던 대한민국을 위하여 청춘을 바친 것이 후회되지 않고 자랑스러운 가치가 있는 일이었다."라고 하던 그 말에 우리가 참전국에 큰 빚을 지고 있다는 생각을 지울 수가 없었다. 그때 그들이 심어놓은 한 그루 나무가 지금은 평화의 숲이 되었으니 고마운 마음이다.

사람의 삶이 어찌 천 년 수령의 나무와 비교될 수 있을까. 하지만 한 그루 나무처럼 조국에 작은 그늘을 드리워놓고 짧은 생을 마감한 천안함의 그들은 사는 내내 삶에 대한 열정이 가슴 가득했으며, 예기치 못한 죽음도 용감하게 받아들였다. 바다 위에서 미래를 위한 꿈을 꾸었을 젊은이들의 값진 희생은 그렇게 그늘이 되어 숲을 이루고 고목이 될 것이다.

우리는 삶과 죽음이 공존하는 곳에서, 예기치 못한 죽음을 바라보면서 싸워야만 했던 그들의 순간을 떠올린다면 오늘을 감사해야 한다.

유월에 청춘을 바친 영혼들이 내가 서 있는 곳에다 심어놓은 한 그루의 나무가 넓은 그늘을 만들어 준다.

이젠 우리가 후손을 위해 겸손한 마음으로 한 그루의 나무를 심어야 한다.

해조음

바다는 용이 되어서 나라를 지키겠다는 왕의 무덤을 품고 넘실거린다.

세상 어디에서도 볼 수 없는 바다 위의 나라 사랑을 누가 이토록 아름답게 할까. 오늘날 후손에게 평화와 자유의 역사를 만들어주는 왕의 혼은 오래전부터 아름다운 서사가 되어있다. 지금 나는 바다에 떠 있는 능을 바라보며 그 서사를 읽는다.

왜구의 침략으로 조용한 날이 없어 피비린내가 멈추지 않았던 우리의 땅에서 나라를 지키려 시름이 짙어진 문무왕이 가졌던 호국의 아픈 마음은 얼마나 깊었을까. 당시 신라는 왜구의 침략으로 인한 피해가 너무 심해서 살육의 땅이 되었다고 한다. 결국 문무왕은 왜구를 진압하기 위하여 바다 가운데 능을 만들도록 유언하였으며, 신문왕 때는 감은사 절을 지어 아버지 문무왕의 넋을 기리기도 했다. 왕의 사후에는 전설의 피리 소리가 나라를 지키며 백성들의 근심과 병고를 없애주었다. 전장에서 죽어간 사람의 넋을 달래주기도 한 호국의 피리는 만파식적이라 칭하였으며, 문무왕과 김유신의 혼이라고 한다. 전쟁이 잦은 신라 땅을 지키려고 바다의 용이 된 문무왕과 하늘의 신이 된 김유신이 만파식적을 만들어 그 피리 소리로 하여 온 나라의 평안을 바라던 신화 같은 이야기가 지금까지 남아서 전설이 되었다.

　왕릉을 품고 넘실거리는 감포 바다는 긴 세월을 간직한 은근한 빛의 물결이, 해조음과 더불어 바닷길로 이어져 참으로 곱다. 해가 빛나면 달이 지고, 달뜨면 해가 숨던 천 년의 시간이 살아서 움직이는 바다의 소리. 그 소리가 아주 작은 울림일지라도 우리는 그 작은 울림에 귀를 열고 듣게 된다. 그것은 선조들에 의해 만들어진 만파식적의 울림이며 백성을 걱정하여 바다의 거친 파도를 잠재워 평화를 안겨주는 소리이기에 의미가 남다르게 느껴지는 피리는 선조들의 나라 사랑의 마음이 엿보인다.

예나 지금이나 침략자가 있고 그래서 원하지 않는 전쟁이 일어나 살육으로 이어지고 있다. 오늘도 우크라이나에서 일어나는 참상이 남의 나랏일처럼 여겨지지 않음은 왜일까. 외세의 침략이 끊이지 않던 선조들의 삶을 알기에 외면할 수가 없다. 나는 전쟁이 멈추어지기를 기다리며 오래전 우리 민족이 들었던 기이한 만파식적의 소리가 그곳까지 들려서 하루빨리 그곳에도 평화가 왔으면 하고 빌어본다.

명분 없이 처절한 싸움을 일으킨 침략자도 언젠가는 죽게 되는, 죽음을 앞에 둔 나약하고 가련한 인간일 뿐이다. 어쩌면 그는 부서지고 허물어져 살육으로 이어지는 삶의 모습에 회한을 느끼며 지나가 버린 평화롭던 시절을 그리워할지도 모르겠다. 침략자는 자국을 빛나게 하던 예술가의 유적이나 예술혼이 망가지는 것을 알고나 있을까. 러시아의 예술가들을 경외하며 좋아하는 나는 피아니스트 손열음이 러시아에서 연주하던 차이콥스키의 〈피아노 협주곡〉을 종종 듣는다. 얼마 전에는 온 세계의 연주가와 음악애호가들에게 감동을 주는 아름다운 멜로디를 작곡한 차이콥스키의 유적지가 부서졌다는 뉴스에 마음이 몹시 아팠다. 내 나라가 아닌데도 왜 그렇게 아깝고 안타까운지.

해송을 따라 걸으며 바라보는 감포의 바다는 선조들이 살았던 역사의 숨결이 파도 소리에 떠다닌다. 선조들은 천 년을 훌쩍 넘기고도 후손을 지키려고 거센 파도를 견디고 있건만 우리는 지금 무엇을 하고 있나? 전쟁에 휩쓸려 버린 우크라이나를 보며 사람들이 순간에 죽음을 맞게 되는 일이 끊임없이 일어나 잔인한 역사를 만들어가는 그곳에 후손을 생각하는 선조들의 마음이 얼마나 소중하고 가치 있는 일인지 깊이 생각해 본다.

살아서 남아있는 사람들은 떠나가 버린 사람들의 이야기를 할 것이다. 유대민족을 말살시킨 히틀러를 이야기하고 또 하나의 위정자에게 침을 뱉으리라.

반면교사라는 말이 무색하게 되어버린 오늘의 러시아를 이끌어가는 지도자를 보며 망가진 사람의 인성을 어떻게 해야 하나. 역사를 가르치어 반면교사의 교훈을 가르쳐야 할 참된 교육자가 필요하다는 생각이 든다. 노파심이 이어지고 한숨을 부른다. 다 놓아버리고 일순간 사념에 젖는다.

전쟁을 일으키는 위정자는 사람의 죽음을 너무 쉽게 생각하는 것일까. 나는 아버지의 죽음을 가끔 떠올린다. 내 아버지가 어디로 가버렸는지, 내가 죽어보지 않았으며, 떠나버린 아버지

사후에 한 번도 그를 만나지를 않았으니 도무지 알 수가 없다. 죽음이란 이런 것인가. 아무것도 알 수 없는 깜깜한 마음이다.

지나간 날에 아버지가 그립고 그리워 뇌리를 흠뻑 적시었던 마음이 장자의 꿈처럼 나비가 되어서라도 아버지를 만나고 싶었다. 간절한 마음이 닿았는지 꿈속에서 아버지와 만남이 이루어지고, 너무나 생생하여 꿈인지 현실인지 구분이 되지 않아 한참을 헤매다 깨어보니 아버지가 살아있었다. 내 마음속 깊숙이 담겨서 사춘기 시절에 방황하던 나를 지켜주고 있었다. 아버지가 그리워지면 해조음이 고운 바다로 간다.

그곳에는 문무왕의 서사가 있고 그 서사를 읽어가다 보면 온 세상 아버지들 얘기가 있으리라.

거짓과 진실

  눈이 시리도록 뱉어내는 붉은빛과 백색빛은, 거짓과 진실의 모습으로 흐늘거리며 사라지다 나타나기를 끊임없이 반복한다.
  나는 어둠이 내려앉은 육교를 걸으며 아래에서 좌우로 흐르는 빛을 바라본다. 굴러다니는 차들이 뿜어내는 교차의 빛은, 지친 삶에 이끌려 다니는 군상의 입술처럼 빨강으로 하양으로 색깔을 바꾸어가며 사라지지 않는다.
  꽁무니에선 거짓이 붉은빛을 뱉어내더니 감촉같이 사라지고 앞에서 다가오는 하얀빛은 거짓이 아닌 당당한 진실이라며 얼굴을 들이댄다. 둘 다 가증스럽게도 사라지지 않고 계속 움직인다. 붉고 하얀 색깔의 빛은 인간이 쉬지 않고 떠들어대는 말처럼 가고 오고, 오고 간다.

세상 어디서나 빠르게 움직이는 거짓과 진실의 모습들이 거대한 조직이 되어 트윗과 SNS를 움직이며 온 나라를 혼란 속에 빠트리고 있다. 어느 것이 진짜인지 어느 것이 가짜인지 도무지 알 수가 없다.

언젠가 지인이 내게 자신의 말은 진실이라며 얼굴을 들이대고 계속 우기는 모습이 감당되지 않았던 때가 있었다. 천연덕스럽게 진짜처럼 보이는 거짓, 거짓인 줄 알았는데 진실이라니. 몹시 혼란스럽던 그때 쉼 없이 열변을 토하던 그의 얘기가 부담스러워 진실의 말일지언정 끝까지 들을 수가 없었다. 인간의 말이 어디까지가 진실이며 어디까지가 거짓인지를 알아차리기 쉽지 않아 때로는 어리석은 마음이 분별하는 마음을 덮어버리기도 한다.

나 자신도 나를 방어하려 거짓을 진실처럼 말하였을 때가 분명 있었으리라.

아슬아슬하게 도회의 길을 질주하는 빛은, 타인을 배려하지 않는 위험한 빛이 되어 때로는 상대에게 위협을 가하기도 한다. 진실의 백색빛은 홀로 외롭게 외치다가 거짓의 짙은 붉은빛 앞에서 풍전등화처럼 사그라지며 죽어버린다. 거짓은 더욱 부풀어지고 그것이 진실일까? 라는 의구심을 가지면서도 그것을 부수어 버릴 힘이 없을 때 참으로 슬프다. 거짓과 진실의 실체가 뚜렷하지 않은 것들이 삶의 일부가 되어 빛의 방향을 알 수 없는 혼란 속으로 몰아가기도 한다. 진실과 거짓이 뒤엉기는 부조리 속에 있는 우리 삶이 어떤 길을 가고 있는 걸까?

더욱 비참해지는 것은 거짓과 진실을 밝히려는 일들이 엄청난 파장을 일으킨다는 것에 두려움을 느끼며 침묵 속으로 빠져버리는 것이다. 그렇게 우리는 스스로 삶의 질을 더욱 엉망으로 만들고 있다. 육교 밑으로 무수히 지나다니는 차들이 상대를 향해 쏘아대는 불빛은, 마치 조소 섞인 표정으로 거침없이 뱉어내는 진실과 거짓의 말이 되어 좌우로 끊임없이 흐른다.

속이는 일에 목숨을 건 사람은 거짓이 담겨있는 말을 하는 일에도 전력투구다. 말의 논쟁에서는 그 언어가 가지고 있는 진정성을 찾기보다는 거짓으로라도 이기기를 즐기는 것처럼 보인다. 사람의 언어가 오염되어 가는 것이 보인다. 곱고 아름다운 문장들은 진실이라는 창백한 순교자가 되어 힘없이 사라지고 있다. 글을 모르는 선량한 사람들은 상상할 수도 없는, 갖가지 색깔로 장식한 글과 숫자를 써 놓은 곳이 있다. 문학적 상상력이라는 고운 단어까지 써가며 거짓을 진실이라고 우기는 사람들 속에 위정자가 보인다. 글의 정도를 비켜 가는 가여운 지성인의 모습이다.

진실에 대한 열정이 없이 입으로만 진실이라고 소리를 지르며 떠드는 사람이 과연 진실한 사람일까. 진실에 대한 열정이 있다면 속삭임으로도 충분하다.

참 언어를 가진 인간의 삶을 돌아보니 진실을 밝히려 애쓰는 사람들이 이따금 보인다. 자신을 위하는 마음보다 타인을 위하는 마음이 더 큰 사람들이 있다. 억울한 누명을 쓴 사람을 위해 진실을 찾아다니는 재심 변호사, 형사반장, 교도관이 등이 거짓으로 피해를 보는 사람을 위해 싸우고 있다. 그들의 진실을 향한 의지와 열정 때문에 많은 사람의 삶이 밝아지고 있다. 반면에 거짓이 드러나는 삶의 어두움은 어찌해야 하나. 사람이 얼마나 상처를 받아야 거짓에 흔들리지 않고 진실을 말할 수 있을까. 새로운 사건들이 마구잡이로 쏟아지는 세상 속에서 어떻게 해야 하나.

밖으로 나가버린 내 마음을 접어 안으로 모은다. 컴퓨터도 휴대폰도 끄고 눈을 감고 귀를 닫으며 참선하면서 생각을 꺼내어 바라본다.

　무더운 여름날, 어둠이 덮인 저녁나절에 숲길을 걸으면 작은 빛들이 여기저기에서 마구 뛰어다닌다. 통통거리며 나타나는 빛의 따스함을 느끼고 싶어 만지려고 뛰어본다. 잡힐 듯 잡히지 않는 반딧불이의 고운 빛은 교접의 아름다운 만남이다. 그 빛의 마당으로 간다. 진실도 거짓도 모르던 날의 기억을 찾아 아득한 곳으로 간다.

　울산 장생포가 보이고, 폐선 하나가 물끄러미 바다를 바라보며 처량한 모습으로 서 있다. 바닷가 폐선은 진실이건 거짓이건 아무런 의미가 없다. 그저 버려지지 않기를 바라는 모습이다. 보잘것없이 초라해진 폐선 위에서 반딧불이가 곱고 참한 빛으로 속삭인다. '무섭게 진실을 밝히려 아우성이 되어버린 도회의 빛이, 반딧불이의 순한 빛이 될 수는 없을까.'

　밤이 새도록 육교 아래에서 움직이는 거짓과 진실의 모습을 한 빛들은, 정신없이 뒤섞이어 가고 온다. 빛의 무게가 정도를 넘어 가늠할 수가 없다.

　나는 좌우로 다니는 도회의 빛을 반딧불이 고운 빛으로 바꾸어 바라본다. 손에 잡히지 않는 반딧불이의 진솔한 따사로움을 두 손으로 잡는다.

  진실과 거짓으로 향한 사람들의 거침없이 싸우는 소리는 어둠 속으로 사라지고, 모두의 마음 깊은 곳에 화해를 원하는 소리가 들리는 듯하다.

좋은 바람이어라

　음력 사월 초파일이 스무날이나 남아 있는데 햇살이 기승이다.
　벌써 몸을 지치게 한다. 집안의 창문을 다 열어젖히니 시원한 바람이 들어온다. 기분 좋은 바람은 머물지 않고 계속 돌아다닌다. 참 고마운 그저 좋은 바람이 내 몸에 그득히 안긴다.
　부처께서는 바람이 움직이듯 마음도 머묾이 없다고 했던가. 금강경에 보면 마음은 머무르지 않아 과거의 마음, 현재의 마음, 미래의 마음도 얻을 수가 없다고 한다.
　청춘을 구가하던 때, 사랑이 절절하던 시절의 마음을 어떻게 다시 얻을 수 없을까? 시인은 시에서 종종 산골로 가고 그래서 절절한 사랑을 기다리는 모습을 보이나 결국 산으로 가지 않는다. 어떤 사랑도 이루어지지 않고 만남도 없다. 상상만으로 표현하는 것이기에 관계라는 그림이 보이지 않는다. 내 마음이 사랑으로 가득한 시절엔 혜안으로 보이기도 했다. 백석의 시에서 보이던 것이, 이제는 보이지 않는다. 혜안을 가지면 "나타샤를 사랑하고 당나귀를 타고"라는 시인의 시 구절에서 관계의 아름다움을 보게 된다고 다독이며 행복한 마음으로 읽던 시다. 아름답게 느껴지던 시 구절이 지금은 그런 느낌이 잘 읽히지 않아 상상은 더욱 어려워진다. 예전에 아름다웠던 시가 머무르지 않는 마음의 바람 탓일까. 남녀의 사랑이 덧없이 사라진 내 마음을 본다.

내 몸의 개체들이 나와 연결되어 있으나 나와 다르게 놀고 있다는 느낌이 든다. 내 것인데 내 것 아닌 듯, 생각과 마음이 내 것 아니게 느껴지기도 한다. 언제나 타인과의 관계는 조심스럽게 잘 이루어져야 하며 무릇 사람과 사람의 관계는 선하고 아름다워야 한다는 마음이었는데, 요사이 두꺼워진 생각 때문에 마음이 복잡해지는 듯하다.

사람과 사람, 사물과 사람의 관계를 이루어가는 중심에는 내가 있으니 나와 내 마음의 관계가 원만한지 아는 것이 중요하다고 말하고 싶다. 밖에서 만나는 타인과의 소통도 중요하나 내 안에서 만나는 나와의 소통이 잘되지 않으면 더욱 힘들어진다.

순수가 사라지려 하는 마음이나 생각이 예전처럼 단순하지 않아 타인과의 관계를 멈추고 싶어 공유하던 대화방에서 나와 버릴 때가 있다. 복잡한 생각을 하지 않아도 되는 단순한 길을 택한다. 상대가 내 마음을 헤아려 보려 하나 나는 그의 시야에서 멀어진다.

이따금 누구와도 소통이 되지 않는 날이 있다. 그럭저럭 인내하며 지나면 괜찮아지겠지 하며 기다려보나 그것도 아니다. 소통의 문제가 밖이 아닌듯하여 나를 살핀다. 느닷없이 나에게 화를 내는 모습이 보인다. 목이 말라 병뚜껑을 열다가 단번에 열리지 않으면 화가 나고 물통을 다시 냉장고에 넣고 물을 마시지 않는다. 바삐 나갈 일이 생겨 옷을 입다가 팔이 잘 들어가지 않으면 공연히 옷을 향해 화를 내는 나의 모습을 보게 된다. 옷이 무슨 죄라고 자신이 늙는 것을 잊고 있나? 스스로 나무란다. 아무런 도움이 되지 않는 다른 인격체가 나를 지배하고 있는 것 같다는 생각이 들어 인간이 가진 무서운 단면을 돌아보게 된다.

나는 숨어있던 다른 모습을 살피며 인격에 오류가 생긴걸까, 스스로 자신을 살피지 못하고 다스리지 못한 나의 인격을 탓하는 생각을 버리기로 한다.

숲에서 고목으로 서 있는 나무의 굵은 줄기를 자르면 나이테가 보인다. 둥근 모습의 나이테는 우주의 생물을 연구하는 생물학자가 숲에다 그려놓은 원 같기도 하다. 만다라의 형상이 숨을 쉬고 있는 곳이다. 만다라처럼 서로의 덕으로 공존하며 살아온 우리 마음의 모습이다. 그러나 겨울의 숲은 바람이 차가울 것이며 숲 곳곳에 남아 있는 잔설을 더욱 얼릴 것이다. 마음을 스스로 다스리지 않아 소통이 없다면, 그 마음은 겨울 숲이 되리라. 나무는 겨울이 와도 굳건하게 나이테를 남기지만 사람의 마음에 부는 겨울바람은 봄바람처럼 꽃을 피우지 못하고 삶에 잔설만 남기어 주변마저 얼게 하리라.

'너의 마음이 겨울바람이 되어 떠돌고 있다고 서글퍼 말아라. 그렇지 않으면 나태해져서 마음을 다잡으려고 노력하지 않을 것이다. 더욱이 너와 다른 마음을 이해하기 어려워지리라.' 나는 스스로 타이른다. 그리고 주변을 살핀다. 다행히 아이들이 있는 숲에서 따사로운 봄바람이 분다. 와그작거리는 아이들이 있는 곳으로 귀를 기울인다. 아이들의 숲에 따듯한 사랑의 바람을 가득히 채우고 싶어 마음을 열고 다가간다.

유년에 부르던 노래처럼, 좋은 바람 고마운 바람이 불어와 나무꾼과 뱃사공의 땀을 식혀주듯이 나의 마음에 부는 바람도 따듯하고 고마운 바람이기를 기원한다.

김월미 에세이

뽀요요와 '브람스'

2025년 6월 20일 초판 1쇄 발행

지은이 김월미 | 펴낸이 김은영 | 펴낸곳 북나비
출판신고 2007년 11월 29일 제380-2007-00056호
주소 04992 서울시 광진구 자양로9길 32 4층(자양동)
전화 (02)903-7404, 팩스 02-6280-7442
booknavi@hanmail.net
블로그 www.booknavi.co.kr

ⓒ 김월미 2025
ISBN 979-11-6011-156-9 03810

※ 본 도서는 '2025년 예술인 복지재단' 지원금을 받아 발간하였습니다.
※ 이 책의 저작권은 저자에게 있으며 출판권은 북나비에 있습니다.
※ 이 책의 전부 또는 일부를 이용하시려면 저작권자와 북나비의 동의를 받아야 합니다.
※ 책값은 뒤표지에 있습니다. 잘못된 책은 바꾸어 드립니다.